여호와 하나님의 강림하는 모습(그룹들)

여호와가 강림할 땐 집터가 요동치고 지축이 흔들릴 정도로 진노를 합니다. 이상한 여호와 하나님의 강림이지요. 미개인이 보았을 때, 요란한 엔진소리에 지축이 흔들릴 때 하느님이 진노했다고 표현하는 것은 당연하지요. 기독교인이 이것을 모르고 하나님이라 믿고 있으니 한심하지요.

양심 있는 성직자들이 말하는
기독교 성경의 비밀

사악한 악마를
왜! 하느님이라 하는가?

예수가 지옥에 있다면?

2011년 1월 1일 인쇄
2011년 1월 1일 발행

저 자 : 김종성
펴낸이 : 한해룡
펴낸곳 : 한진출판사
등록번호 : 제2-43호(1993. 9. 6)

구입문의

전 화 : 010 - 2465 - 1357
정 가 : 3,900원

1억원을 드립니다.

(이 책의 내용이 틀리다고 해명하는 분께 드립니다.)

인류의 진정한 행복이 무엇입니까?

사랑의 헌혈운동, 자연보존운동, 장기기증운동, 빈민구제활동
녹색 환경운동보다 더 중요한 것은
폭탄을 몸에 지니고 나죽고 너 죽자는
병든 영혼의 구제인
인류의 영혼을 정화하는 문제입니다.

자연의 재해보다 더 무서운 재앙은
잘못된 신앙으로 인하여 인간의 영혼이
병들었을 때 이보다 더 큰 재앙은 없습니다.
인류 영혼의 구제야 말로 진정한 천국을 여는 길입니다.

인터넷 반기독교 시민운동 연합회의
주소 www.antichrist.or.kr

다음의 내용은 공개 토론을 위하여 여러 일간신문 지상에 11회에 걸쳐 신문의 맨 뒷면에 전면 칼라광고를 냈던 내용입니다.

양심 있는 성직자들이 말하는 기독교 성경의 비밀

사악한 마귀를 왜! 하느님이라 하는가?
예수가 지옥에 있다면

'사랑하는 아내나 자식 형제 친구라도 다른 신을 믿으면 가차 없이 돌로 쳐 죽여라.' (하나님 말씀 신명기 13장 6~11절)

1. 이스라엘의 씨족신인 여호와(야훼)를 하느님이라고 믿고, 자기 조상을 마귀나 우상숭배라고 배척하며, 조상(단군)의 목을 부러트리는 이상한 민족이 있으니 참으로 부끄럽습니다.

2. 천주교(기독교)에서 신(神)이라고 하는 여호와(야훼)는 인류 역사상 사람을 가장 많이 죽인 대 악마임에 틀림없습니다. 마귀가 따로 있는 것이 아니라 사람 많이 죽이면 마귀지요.

3. 예수로 인하여 세상이 구원되거나 부활한 사람이 인류 역사상 단 한사람이라도 있나요. 오히려 예수로 인하여 피비린내 나는 전쟁과 살육이 지금도 끝이지 않고 있습니다.

4. 왜! 이런 발상이 나왔을 까요? 아래의 글을 읽으면 이해가 갑니다. 초현실적 사고의 지각장애가 일으킨 무지(無知)이지요. B,C 4026년 여호와 하나님은 자신이 천지를 창조하기도 전에 물 위에서 운행합니다.

5. 다음 글의 내용은 악마의 모습인지, 괴물의 모습인지, 도깨비의 모습인지, UFO의 모습인지 알 수 없는 기독교(천주교)의 하나님이라는 여호와(야훼)의 정확한 모습입니다

1. 교인들이 하나님이라고 믿는 여호와(야훼)의 정확한 모습

『목사들은 말합니다. 하나님을 본 사람은 아무도 없다고, 하지만 기독교 성경에 보면 하나님을 만나서 이야기하고 하나님의 모습을 목격한 사람들의 기록이 너무도 상세하게 많이 있습니다. 인류의 조상이라는 아담은 말할 것도 없고, 에녹, 노아, 아브라함, 모세, 에스겔, 다니엘, 이사야 등 구약의 필진들은 모두 **여호와 하나님**을 직접목격하고 대화를 하며 같이 동행(同行)을 했던 사람들입니다.

그 중에 **여호와 하나님**의 모습을 목격하고 가장 상세하게 기록한 사람이 있습니다. 바로 에스겔이지요. 목사들이야 소설의 한 구절을 인용하듯 성경의 한부분인 한두 줄만 인용하지만 여기서는 에스겔서 1장 1절부터 28절까지 문장 전체를 한글자도 틀리지 않게 그대로 옮겨 쓴 것입니다.』

에스겔 1장 1 ~ 28절

1. 제 삼십년 사월 오일에 내가 **그발 강(江)**가 사로잡힌 자 중에 있더니 하늘이 열리며 하나님의 **이상(異像:Vision)**을 내게 보이시니

2. 여호야긴왕 사로잡힌 지 오년 그 달 오일이라

3. 갈대아 땅 그발강(江) 가에서 여호와의 말씀이 부시의
아들 제사장 나 에스겔에게 특별히 임(臨)하고 여호와의 권능이
내 위에 있느니라,

4. 내가 보니 **북방에서부터 폭풍과 큰 구름**이 오는데 그 속
에서 **불이 번쩍번쩍하여 빛**이 그 사면에 비추며 그 **불 가운데**
'**단쇠**' 같은 것이 나타나 보이고

5. 그 속에서 네 생물의 형상이 나타나는데 그 모양이 이러
하니 사람의 형상이라

6. 각각 네 **얼굴과 네 날개**가 있고

7. 그 **다리는 곧고** 그 **발바닥은 송아지 발바닥 같고 마광한**
구리 같이 빛나며

8. 그 사면 날개 밑에는 각각 사람의 손이 있더라. 그 네
생물의 얼굴과 날개가 이러하니

9. 날개는 다 서로 연(連)하였으며 행할 때에는 돌이키지
아니하고 일제히 앞으로 곧게 행하며

10. 그 얼굴들의 모양은 넷의 앞은 사람의 얼굴이요, 넷의
우편은 사자의 얼굴이요, 넷의 좌편은 소의 얼굴이요 넷의 뒤는
독수리의 얼굴이니

11. 그 얼굴은 이러하며 그 날개는 들어 펴서 각기 둘씩 서
로 연(連)하였고 또 둘은 몸을 가리웠으며

12. 그 신(神)이 어느 편으로 가려면 그 생물들이 그대로 가되
돌이키지 아니하고 일제히 앞으로 곧게 행하며

13. 그 **생물들의 모양은 숯불과 횃불 모양** 같은데 그 불이
그 생물 사이에서 오르락내리락하여 그 불은 **광채가 있고** 그
가운데에서 번개가 나며

14. 그 생물의 왕래가 번개같이 빠르더라.

15. 내가 그 생물을 본 즉 그 생물 곁 땅위에 바퀴가 있는데 그 네 얼굴을 따라 하나씩 있고

16. 그 바퀴의 형상과 구조는 넷이 한결같은데 황옥(黃玉)같고 그 형상과 구조는 바퀴 안에 바퀴가 있는 것 같으며

17. 행할 때에는 사방으로 향한 대로 돌이키지 아니하며

18. 그 둘레는 높고 무서우며 그 네 둘레로 돌아가면서 눈이 가득하며

19. 생물이 행할 때는 바퀴도 그 곁에서 행하고 생물이 땅에서 들릴 때에 바퀴도 들려서

20. 어디든지 신이 가려면 생물도 신이 가려하는 곳으로 가고 바퀴도 그 곁에서 들리니 이는 생물의 신(神)이 그 바퀴 가운데 있음이라.

21. 저들이 행하면 이들도 행하고 저들이 그치면 이들도 그치고 저들이 땅에서 들릴 때에는 이들도 그 곁에서 들리니 이는 생물의 신이 그 바퀴 가운데 있음이더라.

22. 그 생물의 머리 위에는 수정(水晶)같은 궁창의 형상이 펴 있어 보기에 심히 두려우며

23. 그 궁창 밑에 생물들의 날개가 서로 행하여 펴있는데 이 생물들은 두 날개로 몸을 가리웠고 저 생물도 두 날개로 몸을 가리웠으며

24. 생물들이 행할 때에 내가 그 날개 소리를 들은 즉 많은 물소리(콰-)와도 같으며 전능자의 음성과도 같으며 떠드는 소리 곧 군대의 소리와도 같더니 그 생물이 설 때에 그 날개를 드리우니라.

25. 그 머리 위에 있는 궁창위에서부터 음성이 나더라 그 생물이 설 때에 그 날개를 드리우더라

26. 그 머리 위에 있는 궁창 위에 보좌이 형상이 있는데 그 모양이 남보석 같고 그 보좌의 형상 위에 한 형상이 있어 사람의 모양 같더라.

27. 내가 본 즉 그 머리 이상의 모양은 **'단쇠'** 같아서 그 속과 주위가 불같고 그 허리 이하의 모양도 불같아서 사면으로 광채가 나며

28. 그 사면 광채의 모양은 비 오는 날 구름에 있는 무지개 같으니 이는 **여호와의 영광의 형상의 모양이라** 내가 보고 곧 엎드리어 그 말씀하시는 자의 음성을 들으니라.

『위의 내용은 **여호와 하나님의 정확한 모습입니다.** 모든 신학자나 목사 신부들이 성경을 인용할 때 어느 특정 문장의 한 구절만을 인용합니다. 예를 들면 '네 이웃을 사랑하라' '원수를 사랑하라' 등이지요. 그러나 두서너 줄만 넘으면 반드시 모순과 괴리로 점철되어 죽이고 약탈하는 대목이 반드시 나옵니다. 이런 때는 한결 같이 궁색한 변명으로 비유와 상징으로 호도하고 있습니다.

그러나 에스겔서의 내용은 1장 1~28절까지 전체를 한 글자의 오류도 없이 그대로 게재한 것입니다. **여호와의 정확한 모습의 내용임이 틀림없습니다.** 이 하나님이라는 여호와의 모습을 간략하게 간추리면 다음과 같습니다.

① 여호와가 나타날 때는 반드시 폭풍과 큰 구름 속에서 나타난다.

② 여호와는 강(江)가나 산에 나타난다.

③ 여호와는 번쩍번쩍 **빛나는 단쇠** 같은 것이다.

④ 여호와는 날개가 달려 있다.

⑤ 여호와는 바퀴도 달려 있다.

⑥ 여호와는 다리는 곧고 송아지 발바닥 같다.

  (달착륙선의 네다리와 같은 형상)

⑦ 여호와는 눈이 사방에 달려 있다.(유리창)

⑧ 여호와는 보이는 각도에 따라 모양이 달리 보인다.

⑨ 여호와는 이동할 때는 번개같이 빠르다.

⑩ 수정 같은 궁창이 있다.(돔dome과 같은 둥근 유리창으로 추정)

⑪ 날을 때 날개소리는 많은 물소리와 같다.(제트엔진 추진소리)

⑫ 여호와는 설 때는 날개를 접는다.(드리운다)

⑬ 여호와는 궁창 위에 보좌의 형상이 있다.

⑭ 여호와는 불이 오르락내리락 한다.

⑮ 여호와는 궁창 위에 남보석과 황옥 같은 것이 있다.(계기류)

⑯ 여호와는 궁창 위 보좌에 사람이 있다.(조종석의 사람)

위에 나열한 내용이 **여호와의 정확한 모양**이고 창세기 1장부터 나오는 **궁창도** 이와 같은 것입니다. 이상의 내용을 **외계인의 UFO가** 아니라면 **괴물 중에 이상한 괴물임에** 틀림없지 않을까요?

인류 역사상 UFO의 목격 기록서로서 가장 자세하고 가장 정확하고 방대하게 성문화시킨 책이 바로 기독교 성경이므로 **신으로서 하나님 말씀이** 아닙니다.

목사나 신부가 이 사실을 알고 믿었다면 사기꾼이요 모르고 믿었다면 더욱 큰 영원한 사기꾼이지요.

많은 사람들이 믿는 여호와 하나님의 모습을 다음의 그림에서 보십시오. 알고 믿었다면 정신이 좀 이상한 사람이요 모르고 믿었다면 넋 빠진 사람이 아닐까요.

하여간 지금 현재까지 이 책을 보고 이것을 이해하기까지, 세계적으로 수천 년간 수천 만권의 헤아릴 수 없는 성경해설서가 나오고 그것을 합리화하는 온갖 해설적인 학설이 나왔어도 그림에서 보는 봐와 같이 **여호와 하나님은 100% UFO이거나 아니라면 괴물 중에 이상한 괴물임이 틀림없을 때, 그** 학설들은 모두 괴변에 지나지 않는 개똥철학이고 지금까지 믿어온 **수십억의 교인들의 넋은 안식(安息)을 잃고 저승에 가지 못한 체 허공을 떠돌거나 지옥에 있으므로 불의의 사고가 계속되며 인류의 불행은 끝이질 않는 것입니다.**

교인들은 환상과 망상 속에 온갖 꿈을 꾸며 살고 있는 영혼과 정신이 영원히 병든 사람들이라 보아야 합니다.』

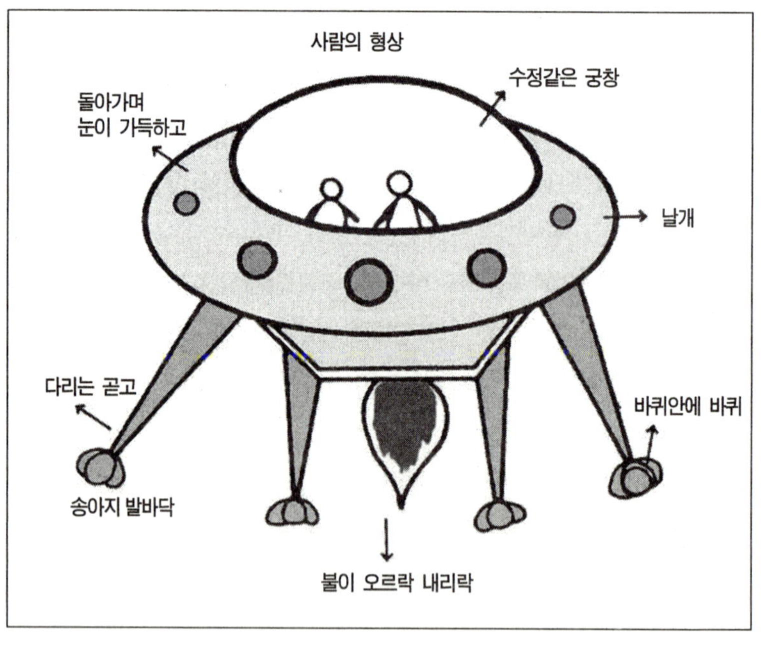

글 내용을 그림으로 그린 여호와 하나님의 모습

2. 가장 방대한 100% 완벽한 UFO 목격 기록서.

<여러 명의 여호와 하나님들과 그룹의 정체>

창세기 1장 26 ~ 28절

26. 하나님이 가라사대 우리의 형상을 따라 **우리의 모양대로 우리가** 사람을 만들고 모든 것을 다스리게 하자하시고 **하나님이 자기의 형상 곧 하나님의 형상대로** 사람을 창조 하시되.--

창세기 3장 22 ~ 24절

22. 여호와 하나님이 가라사대 보라 **이 사람이 선악을** 아는 일에 **우리 중** 하나같이 되었으니 그가 그 손을 들어 생명나무 실과도 따먹고 <u>영생할까 하노라</u> 하시고 23. 여호와 하나님이 에덴동산에서 그 사람을 내어 보내어 그의 근본된 토지를 갈게 하시니라 24. 그 사람을 쫓아내시고 에덴동산 동편에 **그룹들** 과 두루 도는 **화염검** 을 두어 생명나무의 길을 지키게 하시니라.

『하나님 여호와의 모습은 보이지 않는 영적(靈的)인 존재나 유일신(唯一神)으로 존재하며 보이지 않는 거룩한 그런 것이 아닙니다. 인간의 모습과 똑같은 여러 명의 생명체들이지요. 그래서 **우리의** 모양이라고 한 것입니다.

<u>우리 중</u> 하나 같이 되었다는 이야기는 여러 명이라는 뜻이요, 생명나무가 무엇인지는 몰라도 먹으면 영생하는 것이랍니다. 여호와 하나님은 인간의 영생을 애초에 바라지도 않았

으므로 구원이란 이미 물 건너간 이야기지요. 다음 대목을 주의 깊게 살펴보시기 바랍니다.

에덴동산과 <u>그룹</u>, 그리고 두루 도는 화염검. **그룹의 정체를** 자세히 알아보지요.』

에스겔 10장 1~22절

1. 이에 내가 보니 **그룹들** 머리 위에 궁창이 있어 남보석 같은 것이 나타나는데 보좌의 형상 같더라. 2. 하나님이 가는 베옷 입은 사람에게 일러 가라사대 너는 **그룹 밑 바퀴** 사이로 들어가서 그 속에서 숯불을 두 손에 가득히 움켜 가지고 성읍 위에 흩으라 하시매 그가 내 목전에(目前)에 들어가더라.

3. 그 사람이 들어갈 때에 **그룹들은** 성전 우편에 섰고 구름은 안뜰에 가득하며 4. **여호와의 영광이 그룹에서** 올라 성전 문지방에 임하니 구름이 성전에 가득하며 **여호와의 영화로운 광채가** 뜰에 가득하였고 5. **그룹들의 날개 소리는** 바깥뜰까지 들리는데 전능하신 하나님의 말씀하시는 음성 같더라.

6. 하나님이 가는 베옷 입은 자에게 명하시기를 **바퀴 사이 곧 그룹들** 사이에서 불을 취하라 하셨으므로 그가 들어가 바퀴 옆에 서매 7. 한 **그룹이 그룹들** 사이에서 손을 내밀어 그 **그룹들** 사이에 있는 불을 취하여 가는 베옷 입은 자의 손에 주매 그가 받아 가지고 나가는데 8. **그룹들의 날개에는** 사람의 손 같은 것이 나타났더라.

9. 내가 보니 **그룹들 곁에 바퀴가** 있는데 이 **그룹 곁에도 한 바퀴가** 있고 저 **그룹 곁에도 한 바퀴가** 있으며 그 바퀴 모양은 황옥 같으며 10. 그 모양의 넷은 한결 같은데 마치

바퀴 안에 바퀴가 있는 것 같으며 11. 그룹들이 행할 때에는 사방으로 향한 대로 돌이키지 않고 행하되 그 머리 향한 곳으로 행하며 12. 그 온 몸과 등과 손과 **날개와 바퀴** 곧 네 **그룹의 바퀴 둘레에 다 눈이** 가득하더라.

13. 내가 들으니 그 바퀴들은 도는 것이라 칭하며 14. 그 **그룹들은** 각각 네 면이 있는데 첫 면은 그룹의 얼굴이요 둘째 면은 사람의 얼굴이요 셋째는 사자의 얼굴이요 넷째는 독수리의 얼굴이더라. 15. **그룹들이 올라가니 그들은 내가 그발 강(江)가에서 보던 생물이라** 16. **그룹들이** 행할 때에는 바퀴도 그 곁에서 행하고 그룹들이 날개를 들고 **땅에서 올라가려 할 때 바퀴가** 그 곁을 떠나지 아니하며 17. 그들이 서면 이들도 서고 그들이 올라가면 이들도 올라가니 이는 **생물의 신(神)이 바퀴** 가운데 있음이더라.

18. 여호와의 **영광(榮光)이** 성전 문지방을 **떠나서 그룹들 위에** 머무르니

19. 그룹들이 날개를 들고 내 목전에 땅에서 올라가는데 그들이 나갈 때에 바퀴도 그 곁에서 함께 하더라 그들이 여호와의 전(殿)으로 들어가는 동문에 머물고 이스라엘 하나님의 영광이 그 위에 덮였더라.

20. 그것은 **내가 그발 강가에서 본 이스라엘 하나님의** 아래에 있던 **생물이라** 그들이 **그룹인줄** 내가 아노라

21. 각기 네 얼굴과 네 날개가 있으며 날개 밑에는 사람의 손 형상이 있으니

22. 그 얼굴의 형상은 내가 **그발 강가에서** 보던 얼굴이며 그 모양과 몸뚱이도 그러하여 각기 곧게 앞으로 행하더라.

이것을 다시 정리를 하면

① 그룹은 에스겔이 그발 강가에서 보던 단쇠 같은 것이다.

② 그룹에는 날개가 달려 있고 바퀴도 달려 있다.

③ 그룹 머리 위에는 궁창이 있다

④ 그룹들의 날개소리는 요란하다.

⑤ 그룹들의 바퀴의 둘레에 눈이 가득하다.

⑥ 생물의 신(神)이 바퀴 가운데 있다.

⑦ **그룹들은** 하늘로 올라가는 물체이다.

더 구체적으로 **그룹이** 무엇인지 살펴보면

시편 18: 7 ~ 10절

7. 이에 **땅이 진동하고 산의 터도 요동**하였으니 <u>하나님의
진노(震怒)로</u> 인함이더라. 8. 그 코에서 연기가 오르고 입에서
불이 나와 사름이여 그 불에 숯불이 피었도다. 9. 저(하나
님)가 또 <u>하늘을 드리우고 강림하시니 그 발아래는 어두컴컴</u>
하도다. 10. <u>**그룹을 타고 날으심이여 바람 날개로** 높이 뜨
셨도다</u>.

⑧ 그룹은 타고 날수 있는 것이며 바람 날개로 높이 뜨는 것이다.

⑨ 코에서 연기가 나오고 입에서 불을 토한다.

⑩ 그룹이 날 때에는 요란한 진동이 있으며 땅이 진동하고
  산이 요동한다.

⑪ 미개했던 옛날에 진동을 하나님의 진노(震怒)라고 생각한
  다.

⑫ 정말로 하나님이 신(神)으로서 화를 냈다면 세상이 온전하
  겠는가?

⑬ 이상의 정황으로 보아 천주(기독)교 성경에 나오는 그룹은 100% UFO임에 틀림없다.

⑭ 여호와 하나님은 잔악한 외계인임에 틀림없다.

⑮ 창세기에 나오는 그룹이나 에덴동산을 주위 깊게 살펴볼 필요가 있다.

⑯ 지구상에 에덴동산은 없었다. 에덴동산은 UFO의 별칭이라 보면 된다.

⑰ 두루 도는 화염검은 써-치 라이트이다.

⑱ 여호와의 영광(榮光)에서 영광은 UFO이다.』

이상의 내용을 분석하면 기독교 성경에 나오는 그룹이나 영광은 100% UFO임에 틀림없지 않을까요. 그것도 아니라면 악랄한 괴물의 모습임에 틀림없지요. 이것도 그림으로 그리면 앞의 그림과 똑같은 모양이 나옵니다.

이런 모양의 하나님이기 때문에 다음과 같은 내용이 나올 수 밖에 더 있겠습니까?

신명기 13장 6~11절

"다른 신을 믿으면 사랑하는 아내나 아들이나 딸·형제·친구 가릴 것 없이 긍휼히 보지 말며 애석히 여기지 말며 덮어 숨기지 말고, 용서 없이 돌로 쳐 죽여라."

에레미야 19장 9~10절

"아들·딸·친구를 잡아 그 고기를 먹게 하겠다."

석기시대의 미개인들이 초현실적 초문명을 보고 제 나름대로 지껄인 내용이 바이블이며, 이것이 오랜 세월 동안 세습된 구전의 내용이 되다보니 신(神)으로 고착(固着)된 것이 분명합니다.

초문명인들의 노예사냥과 식민은 가차 없는 살육과 징벌! 여기에 따른 공포를 맛보았던 미개인들은 살아 남기 위하여 〈사랑하는 아내와 아들·딸까지도 돌로 쳐 죽이라〉는 급박한 발상이 나오지 않으면 안 되었을 것입니다.

이 미개한 신앙을 믿어야 하는 현대의 정신적 미숙(未熟)인들의 불안에 떠는 모습이 천주(기독)교인이라 생각합니다.

우주인이 어디 있어? 이렇게 말하는 사람들이 있겠지요. 우선 영화이지만 스타게이트(star gate)와 인디팬던트 혹성에 탈출, 스타트랙 같은 영화를 보시기 바랍니다. 이 넓은 우주에 어찌 지구에만 인간이 살겠습니까?

여호와(야훼)는 사악한 우주인입니다. 유대인은 여호와의 복제 인간들이라 보여 집니다.

기독교 성경이라는 바이블은 마치 부시맨이 콜라병을 하느님의 선물이라고 들고 다니다 문명인을 보고 하느님이라고 착각하여 횡설수설 지껄인 내용과 같다고 보면 틀림없을 것입니다. 그러므로 황당한 창조설이 나오고 처녀가 애를 낳았다는 허황된 내용이 나오는 것입니다.

여호와 하나님의 강림하는 모습(**그룹들의 모습**)

여호와 하나님은 강림할 적마다 진노를 합니다. 진노란 화가 나서 부르르 떤다는 것. 집터가 요동치고 지축이 흔들릴 정도로 진노를 합니다. 이상한 여호와 하나님의 강림이지요?

3. 우주소년 미이라 UFO의 잔해 발견

『다음의 그림과 기사는 94년 2월 22일 스포츠 조선의 해외 토픽에 나왔던 내용입니다. 사진의 미이라는 **이스라엘의** 한 동굴에서 발견된 것으로 5,800년 전, 약 6000년 전의 우주인 소년 미이라입니다. 지금부터 약 6000년 전의 일로 창세기 1장 2절에 「땅이 컴컴하고 어두울 때 **하나님의 신이 수면(水面) 에서 운행**하시다.」 라는 이야기는 물 표면에 불시착한 외계인 여호와의 비행체(UFO)가 빛을 내며 오락가락하는 모습의 표현이지요. 사진의 미이라는 외계인 여호와의 일행일 것으로 추정됩니다.

기독교의 천지창조 연대는 BC 4026년이니까 지금부터 약 6000년 전으로 미이라의 연대와 거의 일치합니다.

출토된 광선총 지구인과는 다른 뼈의 구조와 2개의 심장 이것이 현실적으로 과학적으로 드러난 사건입니다. 이 미이 라가 어쩌면 이상(異像:UFO)를 타고 온 여호와 하나님일지 모릅니다.

미국의 로스웰사건을 연상하면, 이 미라의 사진과 외계인의 시체와 거의 비슷하지 않을까요.

우주소년 미이라 UFO잔해 발견

이스라엘의 한 동굴에서 발견된 것으로 알려진 외계인의 미이라. 이스라엘 정부의 함구령에도 불구하고 이를 발설했다는 프랑스 고고학자 라빌라에르 박사

'금속처럼 단단한 뼈·2개의 심장' … 지구인과 달라

이스라엘 동굴서 1.2m벽 뚫는 광선총도 함께 출토

아래의 이 사진은 실제 있었던 일로 오지탐험에서 발견한 사실입니다. 1943년 2차 세계대전이 한창일 때 영국 공군 수송기 한대가 서태평양 멜라네시아(Melanecia)의 한 섬에 불시착 한 적이 있었다고 합니다.

카르고 전설을 만든 비행기 모형

2차 세계대전의 군수물자를 수송하던 수송단 카르고(Cargo) 비행기였지요. 그 섬의 원주민들은 하늘에서 갑자기 벼락 치듯 요란한 소리를 내며 하늘에서 내려오는 상상으로 표현할 수 없는 이상한 큰 새를 볼 수 있었습니다.

이 사진은 카르고 수송단이 떠난 후 원주민들이 나무와 갈대 풀잎 등으로 하늘에서 하느님이 타고 온 벼락 치는 큰 새를 만들어 불시착한 장소에 세우고 그 날을 기리며 지극히 신성한 숭배 물로 주위를 돌며 춤추고 노래하고 빙빙 돌며 하나님의 큰 새가 다시 오길 기다리고 있다고 합니다.

이와 같이 예기치 못한 초현실적 사실적 사건에 지각장애를 일으켜 신(神)으로 하느님으로 착각하여 숭배하고 찬양하는 것이지요. **이와 똑같은 사건이 바로 기독교의 성경에 나타난 하나님 여호와의 실상입니다.** 세월이 오래 지나면 이런 것들이 신앙으로 자리 잡고 온갖 비과학적 비리와 괴리가 난무하는 것입니다.

이러한 사실을 서구에서는 이미 오래전에 알고 있었기 때문에 기독교를 버리고 있는 것입니다.

4. 여호와(UFO)의 최초 발견의 비밀

창세기 1장 1 ~ 5절

1. 태초에 하나님이 천지를 창조하시니라. 2. 땅이 혼돈하고 공허하며 흑암이 깊음 위에 있고 **하나님의 신(神)은 수면(水面)에서 운행하시니라.** 3. 하나님이 가라사대 빛이 있으라하시매 빛이 있었고 4. 그 빛이 하나님의 보시기에 좋았더라 하나님이 빛과 어둠을 나누사 5. 빛을 낮이라 칭하고 어두움을 밤이라 칭하시니 저녁이 되고 아침이 되니 이는 **첫째 날**이니라.

1절은 천지를 창조했다는 것은 제목입니다.
2절부터 문제가 발생합니다. 하나님의 **신이 물 표면에서 운행했다는** 이야기입니다. 물이 먼저인가요, 하나님의 신이 먼저인가요? 문맥상으로는 물이 먼저이지요.

창세기1장 11~13

하나님이 가라사대 땅은 **풀과 씨** 맺는 채소와 각기 종류대로 **씨가진 열매** 맺는 과목을 내라 하시매 그대로 되어 땅이 풀과 각기 종류대로 씨 맺는 채소와 각기 종류대로 **씨가진 열매 맺는 나무를** 내니 **하나님의** 보시기에 좋았더라. **저녁이** 되며 **아침이** 되니 이는 **셋째 날**이니라.

창세기1장 16~19절

하나님이 두 **큰 광명을 만드사** 큰 광명으로 낮을 주관하게 하시고 작은 광명으로 밤을 주관하게 하시며 또 별들을 만드시고 **하나님이** 그것들을 하늘의 궁창에 두어 땅에 비취게 하시며 주야를 주관하게 하시며 **빛과 어두움**을 나뉘게 하시니라 하나님의 보시기에 좋았더라 **저녁이 되며 아침이** 되니 이는 **넷째 날**이니라.

지구보다 먼저 존재했던 해와 달과 별은 넷째 날 만들어지는데 태양이 없는 상태에서 빛을 창조하여 저녁이 되고 아침이 되니 첫째 날이라고 합니다.

저녁이 되고 아침이 된다는 것은 지구의 자전으로 인하여 해가 동쪽에서 서쪽으로 지는 현상과 달과 별의 위치가 완전히 바뀌는 현상인데, 어찌 해와 달과 별이 없는데 아침이 되고 저녁이 되겠습니까?

인간들 중에 지식(知識)이 좀 있다는 **얼간이 학자들 중에 귀신 씻나락 까먹는 소리**에 곧잘 넘어갑니다. 그것도 **사대주의 근성**이 강하게 많이 작용하지요. 광복 후 미국에 갔다 온 사람들! 특히 이승만 같은 사람들과 정치인 학자들은 말할 것 없이 모두 이 엉터리를 여과 없이 들여왔습니다.

기본적인 과학과 철학이 무시된 이런 귀신 씻나락 까먹는 미신을 믿으며, 서울을 하나님께 봉헌하겠다고 공언을 하는 분이 어찌 지도자로서 지혜롭다고 하겠습니까?

창세기를 재해석할 것 같으면,

흑암이 깊음 위에 있다는 이야기나 하나님의 신이 수면에서 운행했다는 이야기는 어두컴컴한 때에 태양과 같이 밝고 빛나는 UFO가 물가에 불시 착륙하여 이리저리 돌아다니는 것을 목격했을 때, 에스겔이 본 **하나님의 이상(異像)이나 그룹들의 운행을 목격한 옛날 미개인들의** 표현을 빌린다면 **하나님의 신이 수면에서 운행했다고** 이야기 하는 것은 지극히 당연한 것이 아닐까요. 이렇게 해석하는 것이 구약의 전체적인 정황으로 보아 옳은 것이지요.

유치원생의 수준도 안 되는 자연과학 상식을 어찌 창조운운하며 과학적 순리를 거역하겠습니까?

더욱이 지구가 돌지 않는다고 가르치며 지동설을 주장한 학자들을 기독교에서 기독교 재판으로 죽이지 않았던가요.

이 천지창조의 역사적인 **하나님의 신이 수면에서의 운행**은 **정확하게 B · C 4026년에 일어난** 사건으로 지금부터 약 6,000년 전의 일입니다. 이 6,000년 전에 일어난 사건을 비유와 상징, 신의 섭리 또는 신만이 아는 비밀 등으로 엉뚱한 해석을 한다면 정말로 현대를 사는 어리석은 미개인이라고 봐야 할 것입니다.

지구상에 생물이 나타나기 시작한 때를 고생대(古生代, Paleozoic Era)라 하는데 5억 7천만 년 전부터 2억 5천만 년 전까지의 일입니다, 신생대(新生代, Cenozoic Era)란 포유류가 나타난 시기를 말하는데 이것도 2억 년 전의 일입니다.

그런데 성경에서 하나님이 천지를 창조한 연대는 정확하게 BC 4026년 전의 일이지요. **이때가 바로 UFO인 하나님이라는 여호와를 최초로 발견한 날이라 생각됩니다.** 그것이 미개인이 보는 최대의 상상력이며 한계이지요. 이것을 신의 섭리라고 믿고 있으니 더욱 한심한 일입니다.』

하나님 여호와의 천지창조 순서

첫째 날 == 수면에서 운행하며 태양과 달이 없는 상태에서 빛과 어둠을 창조합니다.

둘째 날 == 궁창을 만들고 물을 나누어 궁창을 하늘이라 칭합니다.

셋째 날 == 씨 맺는 채소와 풀과 나무를 만듭니다.

넷째 날 == 해와 달과 별을 만들고 년한(年限)과 일자(日字)를 만듭니다.

다섯째 날= 동물을 만듭니다.

여섯째 날= 인간을 창조합니다.

일곱째 날= 천지를 창조한 하나님이 피곤하여 쉬는 날입니다. (안식일)

넷째 날 만들어진 별들은 어떠한 별들일까요?

다니엘서 8장 9 ~10절

　그 중 한 **뿔**에서 **또** 작은 **뿔** 하나가 나서 남편과 동편과 또 영화로운 땅을 향하여 심히 커지더니 그것이 **하늘 군대에** 미칠 만큼 커져서 그 군대와 **별 중에 몇을 땅에 떨어뜨리고** 그것을 짓밟고--

① 뿔이 길어진다.(로켓, 미사일로 추정)
② 그 뿔은 동쪽과 남쪽 또 영화로운 땅을 향하여 커지고
③ 뿔은 **하늘의 군대에** 미칠 만큼 커진다.
④ 뿔이 **별을 땅에 떨어뜨린다.**
⑤ 실제 별들은 태양과 달보다도 더 크고 지구보다는 훨씬 큰 것이다.
⑥ 그 큰 별이 어떻게 뿔에 맞아 땅으로 떨어질까?
⑦ 여러 개의 별 중에 몇 개를 땅에 떨어드린다.
⑧ 별은 반짝이는 비행물체로 보면 성경의 내용은 맞는 것이다.
⑨ 뿔이 길어지는 것은 **미사일의 발사 광경을 본 것이 틀림없습 니다.**

　왜 이렇게 엉터리 같은 이야기를 했을까요? 미개인이 초월적이며 초현실적인 문명을 보고 놀라 **초환상적 현실의 사건에** 놀라 지각장애(知覺障碍)로 인하여 제멋대로 지껄인 이야기가 바로 기독교 성경이라는 것이 단번에 증명됩니다.

　그러므로 비과학적 비논리적 비합리적 비생산적 괴리가 나와서 세상을 전쟁의 도가니로 만들고 반목과 질시 폭행과 테러, 가정의 불화, 자기들끼리의 이단시, 믿지 않으면 마귀 사탄 등으로 매도하고 심판과 종말이라는 협박으로 인류를 불

안케 하며 공포로 인하여 믿음의 굴레를 못 벗어나게 하는 것입니다

수천 아니라 수만 가지의 별의별 해설서가 나오고, 그것을 합리화시키기 위한 중세의 기독교 철학은, 여호와 하나님이 UFO라는 사실이 확실히 밝혀진 이상 한낱 개똥철학에 지나지 않는 것이며, 기독교 성경은 성스러운 성경이 아니라 인류의 과학문명을 더디게 하고 인간의 심성을 악하게 만드는 악서(惡書)중의 악서이므로 마서(魔書)중의 마서(魔書)이라 해야 할 것입니다. 그리고 **여호와가 신(神)이라면 악마 중에 악랄한 대악마임이 분명하며 이것도 아니라면 잔악한 문명인**이 분명 합니다.』

5. 우주선을 타보는 에스겔

에스겔서 3장 12 ~14절

12. 때에 주(主)의 신이 **나를 들어 올리시는데** 내 뒤에 크게 울리는 소리가 들려 이르기를 여호와의 처소에 나는 **영광**(榮光:UFO)을 찬송 할지어다 하니 13. 이는 **생물의 날개가**서로 부딪히는 소리와 **생물 곁에 바퀴 소리가** 크게 울리는 소리더라.

14. 주의 신이 **나를 들어 올려 데리고 가시는데** 내가 근심하고 분한 마음으로 행하니 여호와의 권능이 힘 있게 나를 감동시키시더라.

22. 때에 그룹들이 날개를 드리되 바퀴도 그 곁에 있고 이스라엘 **하나님의 영광**도 그 위에 덮었더니 23. **여호와의 영광**이 성읍 중에서부터 올라가서 성읍 동편 산에 머물고 24. 주의 신이 **나를 들어** 하나님의 신이 이상(異像:UFO)중에 데리고 갈대아에 있는 사로잡힌 자중에 이르더니 내가 보니 이상(異像:UFO)이 나를 떠난 지라.

『**이상**(異像:UFO)은 에스겔서 1장에 나오는 <u>단쇠</u> 같은 것에 날개와 바퀴가 달린 것으로 UFO입니다. **하나님의 영광**이라는 것도 오로라 같이 황홀한 빛이 비추는 그런 **빛의 영광**이 아니라 **빛나는 비행체의 발광을 영광**이라고 한 것이기 때문에 UFO입니다. 이 **영광**이나 **이상**(異像) 가운데로 **하나님이 들어 올리는 것은 곧 비행체를 탔다**는 이야기가 아닐까요. 영광이 UFO가 아니라면 어떻게 탈 수 있을까요?

찬송가에 영광이라는 단어가 많이 나옵니다. 명예로운 정신세계의 영광이 아닌데 영광의 뜻도 모르고 노래하는 것을 보면 참으로 말로 표현하기 힘든 그 무엇을 보는 것 같습니다. 교인들의 찬양하는 모습을 보면 「혹성의 탈출」이라는 영화에서 원숭이들이 자기의 조상을 찬양하는 뜻한 기분이 듭니다.』

이사야 1장 24절 2장 10절

24. 그러므로 주(主) **만군**(萬軍: 많은 군대)의 여호와 이스라엘의 전능자가 말씀하시되 슬프다. 내가 장차 내 대적에게

보응하여 내 마음을 편케 하겠고 **내 원수에게** 보수(報讎:원수를 갚다)하겠으며 ---- 10, **너희는 바위틈에 들어가 진토(塵土)에 숨어 여호와의 위엄과 그 광대하심의 영광(榮光:UFO)을 피할 것이다.**

『여기서 분명이 밝히듯이 **여호와는 많은 군대의 무력자(武力者)입니다.** 하나님이라면 원수가 있어 원수를 갚겠다는 이야기는 의미심장한 것으로 어떤 의미의 상징이나 비유가 있을까요.

하나님의 영광을 바위틈에 숨어 피하라는 것은? 이 **영광의** 정체를 알아야 합니다. **바위틈에 숨어서 피할 수 있는 영광은** 바로 UFO의 **공격을** 피하라는 것이지요.

여하튼 **하나님의 영광은** 완전히 **엄폐(掩蔽)된** 바위틈과 진토에 숨어야 **피할 수 있는** 달갑지 않은 것들입니다.

성경은 인류 역사상 가장 정확하고 가장 방대하고 완벽한 UFO 목격 기록서임에 틀림없습니다. 교인들이 영광의 뜻도 모르고 찬송가를 부르며 찬양하는 것을 보면 배꼽이 빠지도록 웃음이 절로 나옵니다.』

사도 바울의 편지인 고린도후서 12장 1~ 2절

1. 무익하나마 부득불 자랑하노니 주(主)의 **환상(Vision)과** 계시를 말하리라.   2. 내가 그리스도 안에 있는 한 사람을 아노니 십사년(14년)전에 그가 **셋째 하늘에 이끌려** 간지라 그가 몸 안에 있었는지 몸 밖에 있었는지 나는 모르거니와 하나님은 아시느니라.

『기독교의 하늘은 오직 하나인데 **셋째 하늘은** 무엇을 뜻하며 **무엇에 끌려갔다**는 것일까요? 물론 해방 후 봇물 터지듯 밀려오는 서양사상에 쓸개와 간까지 빼놓아야 하는 미개한 후진국의 슬픔이 아닐 수 없습니다.

이쯤에서 셋째 하늘의 뜻과 여호와 하나님을 아직도 모르는 사람이 있다면 참으로 현대를 사는 무식한 야만인이라 하여야 할 것이며 지능이 의심스럽습니다.』

6. 하나님 아들들과 인간의 딸들과 결혼

창세기 6장 1~ 4절

1. 사람이 땅위에 번성하기 시작할 때에 그들에게서 딸들이 나니 2. **하나님의 아들들이** 사람의 딸들의 아름다움을 보고 자기들 좋아하는 **모든 자로 아내를** 삼는지라. 4. 당시에 땅에 네피림이 있었고 그 후에도 **하나님의 아들들이 사람의 딸들을 취하여 자식을 낳으니** 그들이 용사라 고대에 유명한 사람이었더라.

『예수는 절대 하나님 여호와의 독생자가 아니며 구세주도 아닙니다. **하나님의 아들들이** 누구인가요? 지구인인지 외계인인지는 모르지만 인간이 지구상에 번성할 때에 예쁘고 아름다운 **모든 여자로 아내를 삼았다**는 것은 예쁘고 아름다운 여자들을 닥치는 대로 데리고 살았다는 이야기이가 됩니다.

UFO의 외계인들과 인간과의 결합이며 인간과 같이 생긴 외계인들은 예쁜 여자들을 닥치는 대로 데리고 살며 자식을 낳았다는 뜻이 됩니다. 하나님의 아들들은 영적으로 생긴 그런 것들이 아니라 육체의 성적 환희를 느끼는 그런 **생명체들**이지요.

하나님의 아들들이 인간의 여자들과 교합하여 자식을 낳은 것과 성령으로 잉태시켰다는 것과 무엇이 다를까요? 육체의 성적환희를 느껴 아름다운 모든 여자들을 아내로 삼은 것, 이것이 여호와들의 실체입니다.

예수를 하나님의 독생자라고 사람들을 속이는 목사와 신부들을 고발해야 합니다. 예수는 여호와 하나님의 독생자가 아닙니다. 예수의 성령 잉태나 요한의 성령잉태란 바로 이런 것들이라고 보아야 합니다.

시공(時空)의 무한 속에 영원히 꺼지지 않는 존재의 실상과 생명을 연결해주는 것이 신성(神性)인데, 어찌 구약(舊約)의 하나님이 따로 있고, 신약(新約)의 하나님이 따로 있겠습니까?

목사님들의 간특한 변명, 여호와의 잔악한 만행을 이야기하면, 그것은 구약이고 예수 후의 신약은 사랑이랍니다. 구약은 옛 약속이고, 신약은 새로운 약속이라는 뜻이 아닌가요? 구약인 옛 약속을 무엇으로 어떻게 지켰으며, 신약인 새로운 약속은 무엇을 어떻게 지켰습니까? 요사이엔 영혼약속인 영약(靈約)이 있다고 합니다. 웃기는 목사들이지요.

이스라엘 민족과의 약속인데, 이스라엘 민족은 예수 전에는 타 민족의 노예로 살아왔고 예수 후에는 2000년 동안 나라 없는 민족으로 유리방황 했습니다. 그리고 기독교 국가였던 서구의 역사는 기독교 버리기 운동인 르네상스가 일어나기 전까지 1,600년간의 중세암흑 시대였으며 기독교 전쟁과 테러로 피로 얼룩진 피의 역사였습니다.』

7. 1,000살을 사는 사람들

『아담에서부터 노아에 이르기까지 **10대이며 이들의 평균 수명은 930살입니다.** 이들은 100살이 넘어 첫 자녀를 낳았고, 800살까지 자녀를 낳은 사람도 있습니다. 지금부터 약 6,000년 전의 일이니 10대까지 930살을 살았다면 1000년 내지 2000년 이상은 내려 왔을 것입니다.

그러나 지구상에 4천년 전부터 6천년 전사이의 인간 수명은 100년도 되지 않았고 평균수명이라야 **고작 20-30년**에 불과했을 것입니다. 인간칠십고래희(人間七十古來稀)라는 말이 있습니다. 옛날엔 70을 살기도 어려웠고 아주 드문 일이라고 했지요.

천년 가까이 살며 7~8백 살까지 자녀를 계속 생산할 수 있는 이들은 누구인가요? 하나님의 아들들은 누구인가요? 아니면 외계인인가요? 이것도 아니면 복제인간들일까요?

불경(佛經)에 보면 북울단월(北鬱檀越)에 사는 사람들의 수명이 1,200살이라고 합니다. 물론 지구가 아닌 외계입니다.

비행기를 발명한지 100년도 되지 않아 인류는 로켓을 달나라에 쏘아 올렸고 멀리는 태양계 밖까지 탐사선을 보내고 있습니다.

전자과학 반도체 산업 역시 50년도 안되어 온 국민이 손바

닥 크기보다 작은 전화기로 지구의 반대편에 있는 사람들과 영상으로 얼굴을 맞대며 이야기를 하고 있습니다. 과학의 발달은 어느 한 순간에 계기가 이루어지면 업그레이드되듯 기하급수적 상승세를 타고 발달하는 것입니다.

인류에게 가장 큰 재앙은, 과학이 발달하면 발달할수록 자연재해의 위험보다는 전쟁의 재앙이 더 큰 것입니다. 이 전쟁의 재앙이 정치적 이념으로서의 위험성은 이미 없어졌다고 봅니다. 구 소련이 붕괴되듯 정치적 실리는 멸망을 초래하지는 않습니다.

무서운 것은 무지한 기독교와 같은 신앙전쟁이지요. 지구의 화약고 기독교와 이슬람이 아닐까요. 한반도에 이들이 이미 상륙하여 고유의 전통을 무너뜨리고 부모 형제 자매간에 종교적 갈등으로 등을 돌리고 있습니다.

현대의학과 생명공학이 발달한지 불과 50년도 안 되어 인간은 복제동물을 만드는데 성공했고, 복제인간의 성공은 사실상 확실한 것입니다. 그러나 무엇이 도덕적인지 갑론을박할 뿐이며. 이 문제도 기독교적 창조의 의미로 본다면 하나님을 능가하는 일입니다.

줄기세포 성체세포 등 게놈프로젝트에 의하여 앞으로 자연재해나 전쟁이 없이 50년이나 100년쯤 현대과학이 지속된다면 인간의 수명이 족히 1000살은 넘게 살 수 있을 것이라고 과학자들은 말하며 이미 그 단계에 와있다고 합니다.

기독교로 인한 중세의 암흑시대를 지금 또 재연하듯 천주교(기독교)에서 줄기세포의 연구를 눈을 부라리며 줄기차게 반대하고 있습니다. 이들은 왜 이렇게 목숨을 걸고 반대를 할까요. 바로 창조론이 무너지기 때문이 아닐까요?

  지금의 문명이 있듯이 시공을 초월한 문명은 그 어디에서든 항상 존재하는 것입니다. 그러므로 인간이 개화되는 만큼 UFO 는 항상 존재하며 나타납니다.』

1억 원의 상금을 타 가세요.

이것도 10회에 걸친 신문광고 내용입니다.

예수께서 말씀하되(누가복음 19장 27절)

**'나의 왕 됨을 원치 않던 저 원수들을
 이리로 끌어다 내 앞에서 죽여라'**

1. 이스라엘의 씨족신인 여호와(야훼)를 하느님이라고 믿고, 자기 조상을 마귀나 우상숭배라고 배척하며, 조상(단군)의 목을 부러트리는 이상한 민족이 있으니 참으로 부끄럽습니다.

2. 천주교(기독교)에서 신(神)이라고 하는 여호와(야훼)는 인류 역사상 사람을 가장 많이 죽인 대 악마임에 틀림없습니다. 마귀가 따로 있는 것이 아니라 사람 많이 죽이면 마귀지요.

3. 예수로 인하여 세상이 구원되거나 부활한 사람이 인류 역사상 단 한사람이라도 있나요. 오히려 예수로 인하여 피비린내 나는 전쟁과 살육이 지금도 끝이지 않고 있습니다.

기독교 성경 신명기 13장 6~11절

『다른 신을 믿으면 사랑하는 아내나 아들이나 딸·형제·친구 가릴 것 없이 긍휼히 보지 말며 애석히 여기지 말며 덮어 숨기지 말고 용서 없이 돌로 쳐 죽여라.』

물론 원수를 사랑하라는 말도 있지만 그것은 집안 식구가 원수이니 사랑하지 않을 수 없지요. 이야기는 자기들끼리 사랑하라는 이야기입니다. 정말로 원수를 사랑하라는 말이라면 이들은 왜! 절을 불태우고 불상을 부수며 단군상을 부서 전통문화를 말살하려듭니까?

미국 버지니아 공대에서 세기의 총기 난사사건으로 미국 전역은 물론 세계를 경악케 한 기독교인 조승희씨에 의하여 희생된 희생자 32명과 잔악무도하게 총격을 가한 가해자인 조승희씨와 그의 가족들도 기독교의 엄청난 피해자라는 것을 이 글을 읽으면 확실히 알게 될 것입니다.

이 글은 기독교 성경이 사회에 끼치는 악영향과 그를 바탕으로 교리를 전개하며 신앙의 뿌리를 삼고 있는 모든 기독교(천주교) 계통의 여러 종교인들에게 성경의 폐해가 얼마나 큰 것인가를 일깨워주기 위한 글입니다.

미지의 세계에 영혼을 담보로 귀중한 생명을 초개같이 버릴 수 있는 용사(勇士)적 사명으로, **나 죽고 너 죽자는** 데는 그 누구도 말릴 길이 없습니다. 잘못된 신앙의 교리체계를 홍보하여 심성을 바르게 하고 생명의 귀중함을 일깨워 주는 계몽적 자세가 특히 필요할 때라고 생각합니다.

에레미아 19장 9~10절

『아들·딸·친구를 잡아 그 고기를 먹게 하겠다.』고 했을 때, 이런 악마 같은 기독교 성경인 마서(魔書)을 읽은 버지니아 공대 총기사건의 조승희씨나 산채로 십자가에 매달아 40만 명을 불태워 죽이는 극악한 만행의 극치를 보인 천주교(기독교) 교부들! 미 대륙 정벌 때 수 천만 명의 씨를 말리는 극악한 인간사냥에 의한 대학살과 온갖 전쟁, 2000년간 잔혹한 전쟁을 성스러운 전쟁이라고 하는 성전(聖戰)을 천주교(기독교)에서 주도하여 2000년 동안 몇 억 명이 죽었습니다.

기독교(천주교)와 같은 미신적 신앙의 출현이 지구와 인류의 불행인데도 각계 지도층 인사들께서 역사를 모르고 계신 것 같아 알려드리려고 글을 올립니다.

지금도 그 후예들이 세계를 활보하며 지금까지 죽였던 숫자는 핵무기 몇 십 배의 위력보다 더 무서운 테러가 이들의 교리에 의하여 일어났으므로 본인은 기독교 성경을 마서(魔書)이라고 단정하며, 마서가 존재하는 한 인류는 불행하고 테러는 앞으로 계속 반드시 또 일어날 것입니다.

사람을 많이 죽이고 재앙만 주는 악마 같은 신(神)을 하나님이라고 부르며, 사람들에게 믿지 않으면 심판하여 지옥 보낸다고 공갈 협박하며 전통 문화와 종교를 파괴하는 이상한 사람들의 이기주의적 이익집단이 활개를 치는 것을 보면 인간이 얼마나 어리석은 가를 알 수 있습니다.

> 기독교 성경인 바이블에 하나님 이라는 야훼(여호와)의 직접적인 살육(殺戮)이 하나님인지 대악마인지 야훼(여호와)의 명령으로 직접 살육된 90만 5천 154명의 기록입니다. (바이블 전체 내용)

* 아이성을 점령 시키고 1만 2천명을 살해.(여호수아 8장 24절)

* 가나안과 브리스 사람을 넘겨주어 1만 명 살육,(사사기 1장 4절)

* 베냐멘 사람 2만 5천 100명이 살해.(사사기 20장 35절)

* 유대인을 시켜 이스라엘의 정예병 50만을 살육한 후 여호와는 변덕을 부려 반대로 유태와 에로파안을 공격하게 하였음으로 에로파안은 그 공격으로 죽고 말았다.

* 아수영에서 18만 5천명을 죽이고... 18만 5천명 살육,

* 유대인들이 자신을 섬기지 않고 신상을 만들자 3천명 살해, (출애굽기 32장 27-28절)

* 나답과 아비후가 여호와에게 올리는 불을 잘못 올려서 산채로 2명 태워 죽이고,(레10장, 1-3절)

* 한 여인의 아이가 여호와를 저주하자 돌로 쳐 죽이고,(레24장 10-15절) 1명 살육.

* 안식일에 일하는 남자를 여호와의 명령으로 돌로 쳐 죽임, (민수기 15장 32-35절) 1명 살육.

* 백성들이 불평 하자 전염병을 내려 1만 4천 700명을 죽임, (민수기 16장 49절)

* 유대인이 모압 여자와 자고 그들의 神에게 제사 하자 염병을 퍼트려 2만 4천명을 죽었다.(민25장, 9절)

* 다윗이 인구 조사를 하자 분노하여 전염병으로 7만 명을 죽이고,(사. 하24장 15절)

* 삼손을 시켜 블레셋 사람 1천 30명을 쳐 죽였는데, 숫자가 확인 안 된 것은 얼마인지 모름.(사, 기15, 15절)

* 고라가 모세와 불화 하자 여호와가 진노하여 고라의 모든 백성을 삼켜 죽이고,(민16장, 31절)

* 여호와가 자기에게 분향 하는 사람 250명을 이유 없이 태워 죽였음.(민수기 16장 34-35절)

* 벧세미스 사람이 하나님의 궤를 들여다보자 분노하여 **5만 70명**을 살해,(사무엘상 6장19절)

* 여호와의 궤를 싣고 가던 소가 날뛰자 붙잡아준 웃사를 상(償)을 주지는 못할망정 대신 쳐 죽였음,(사. 하6장1-7절)

* 아이들이 엘리사를 놀렸다고 곰 두 마리를 보내어 어린아이 42명을 찢어 죽임,(열왕기하 2-24절)

야훼(여호와)에 의해 "살육" 되었으나 명확한 숫자를 기입하지 않은 살육!

* 노아의 홍수로 전 지구상의 생축을 다 죽였다, [창세기] 싹쓸이 살육,

* 애굽의 처음 난 아들(長子)을 남김없이 살해,(출애굽기 12장 29절) 만아들 싹 쓰리 살육,

* 여호와의 영광을 위하여 애굽의 병사를 바다에 빠뜨려 싹쓸이 살육.(출애굽기 14장 27-28절)

* 헤스본왕 시혼을 공격하여 시혼 백성 싹쓸이 살육,(신명기 2장 32-35절)

* 하나님이 아모리인에게 우박을 내려 백성을 살해 하였는데 「칼에 죽은 자보다 우박에 죽은 자가 더 많더라」 하였으며, (여호수아 10장 11절) 아모리인 칼과 우박 살육,

* 유대인을 시켜서 립나를 쳐서 립나 백성 싹 쓰리 살육.(여호수아
  10장 30절)

* <하솔>을 쳐서 그 성읍에 호흡이 있는 자 하솔백성 싹쓸이 살육.
  (여호수아 12장 13-15절)

* 여호와가 명령하여 미디안을 시켜 자기들끼리 미디안 골육상쟁
  유도 살육.(사사기 7장 22절)

* 암몬과 모압을 격살하여 남김없이 다 죽이고 하나도 남기지 아
  니하였음.(역대·하 20장 22-24절)

* 이유는 분명치 않으나 여호와하나님이 분노 청년, 남녀와 노인
  싹쓸이+산자는 노예 살육.(역, 하 36장 17-20절)

* 불레셋이 여호와하나님의 궤를 옮기자 분노하여 쳐 죽이고 궤
  옮긴 자 싹쓸이 살육.(사무엘·상 5장 8-12절)

* 배고프면 먹으려고 메추라기를 먹은 자 싹쓸이 살육.(민수기 11장
  32-33절)

* 백성들이 여호와에게 불평을 하자 불 뱀을 보내어 물어 죽이게
  하였음.(민21장 5-6절)

* 길르앗 사람이 하나님의 총회에 불참하자 진노하여 모든 사람과
  어린아이를 칼로 진멸하여 남김없이 살해하였음,(사사기 21장
  8-11절) 길르앗 싹쓸이 살육.

* **예수의 출생으로 인하여 2살 미만의 사내아이 다 죽였음.**

* 16세기 천주교에서 마녀사냥으로 40만 명의 여인을 불태워 죽임.

* 남미(南美)의 인간사냥으로 최소 1,500만 명 죽인 것.

* 노예사냥으로 끌어다 죽인 것.

여호와는 사랑의 전지전능한 하나님이 아니라, 무자비한 무지(無智) 무능(無能)한 악마이며 지금까지 이들의 직간접적인 살인은 몇 십억이 넘을 것으로 추산됩니다.

여호와는 왜! 이렇게 많은 사람을 죽이라고 명령했을까요? 교인들이 말하는 지구상의 유일한 하느님 야훼는 다른 쪽에서 보면 유일무이(唯一無二)한 100% 확실한 대악마입니다.

하느님이라는 증거를 하나라도 제대로 제시하지 못한다면, 이보다는 더 정확한 대 악마는 없습니다. 역사적으로 더욱 확실하게 증명되는 것이 있으니 계속 읽으시기 바랍니다.

바이블(성경)은 77,000여 줄로 되어 있습니다.

인류의 역사만은 지워지지 않는 영원히 기억되는 정확한 거울입니다. 이 지워지지 않는 거울에 비쳐지는 모습이 선(善)인지 악(惡)인지 명확하게 알 수 있습니다. 선악의 구분은 어디에 두어야 할까요. 바로 **생명의 존중**에 있다고 봅니다.

무엇으로 하나님인지 마귀인지 구분을 하겠습니까?

어떠한 명분이라도 살인은 악(惡)이지요, 아무리 위대한 신(神)이라고 이름이 붙여진 하나님이나 깨달았다는 부처님이라도 살인을 했다면 그 순간부터 악마가 되는 것이 아닐까요. 그것도 한두 명도 아닌 몇 천만 명을 죽이고, 또 죽이는 원인이 된다면 이유 불문하고 악마 중에 대악마가 아닐까요?

조승희씨나 성전(聖戰)을 주도한 이들은 정신병자가 아니라는 데 문제가 있습니다. 정신병자는 소심한 겁쟁이들로 대담하게 죽이는 일을 못합니다.

이들은 자기 자신이 **성경의 교리에 따른 위대한 용사**(勇士)라고 생각하는데 문제가 있습니다. 이들이 읽고 세뇌된 기독교 **성경은 악서**(惡書)**이므로 마서**(魔書)**으로** 단정하여 퇴치 운동을 전개하는 것이 핵전쟁을 막는 일만큼 시급한 것입니다. 언제 어디서 또 일어날지 모르니까요!

마태복음 19장 29절 : **"내(예수)이름을 위하여 집이나 형제나 자매나 부모나 자식이나 전토(田土)를 버린 자마다 여러 배를 받고 또 영생을 상속하리라."**

영생한다는 이 허망한 소리에 부모 자식과 남편과 아내를 버리고 전 재산을 교회에 바쳐 패가망신한 사람이 어디 한둘입니까!

누가복음 19장 27절 : **"나(예수)의 왕 됨을 원치 않던 저 원수들을 이리로 끌어다 내 앞에서 죽여라."**

예수가 원수를 사랑하라고 했다고 목회자들은 가르치지만, 그 이면에는 언제나 복수의 칼날이 숨겨 있음을 볼 수 있습니다.

마태복음10장 29절과 누가복음 12장 6~7절에 **"참새 한 마리라도 너희의 아버지(여호와 하나님)께서 허락하지 않으면 땅에 떨어지지 않는다. 아버지께서는 너희의 머리카락까지도 다 세어 두셨다. 그러니 두려워하지 말라. 너희는 수많은 참새보다 훨씬 더 귀하다."** 라고 되어 있습니다.

이 글은 버지니아 공대 조승희씨가 32명을 죽인 것도 마녀재판으로 40만 명을 죽인 것도, 노예사냥등도 하나님 여호와의 허락하에 이루어졌다는 뜻이 됩니다.

그런데 이상한 일이 많습니다. 83년도 버마 아웅산 사건을 잘 아실 것입니다. 시체가 갈기갈기 찢기어 처참한 죽음을 당한 15명의 고귀한 분들이 모두 장·차관으로서 **기독교 신앙을 가진 장로 집사들로서** 믿음이 충만했던 사람들이고, 살아난 단 한사람은 기독교인이 보기에 사탄과 같은 독실한 불교인으로 **이 기백장군입니다.**

2008. 8. 27 필리핀에서 교통사고로 죽은 박수진목사, 곽병배목사, 박태성목사, 박성돈목사 그리고 이 목사들의 부인과 딸까지 10명이 일순간에 죽는 참변이! 전능하다는 하나님 여호와의 섭리일까요. 아니면 마귀의 섭리일까요.

이것으로 단번에 증명됩니다. 기독교의 신(神)은 어리석은 인간들이 어리석게 만들어 낸 어리석은 허상이라는 것이!, 이 보다 더 명확한 증명이 어디에 있겠습니까.

골수 기독교 장로 김영삼 대통령 때는 자고 나면 대형사고사가 하늘과 바다와 땅에서, 결국은 나라를 망치는 IMF를 가져 왔지요

삼풍백화점에서 500여명이 일순간에 죽는 참극에서 기독인들의 비참한 죽음 앞에 여호와 신(神)은 속수무책이었습니다.

믿음이 충실했던 삼풍백화점 주인인 안수집사(按手執事) 이준회장. 교회에서 결혼식을 올린 믿음이 충만한 윤○○검사의 일가족 네 명이 시체도 못 찾는 충격과 3딸을 한꺼번에 잃은 정○○ 변호사의 믿음에 구세주라는 예수와 하나님 여호와는 무엇을 하고 있었나요.

그 당시 **불교신자였던 최명석, 유지환, 박승현**은 붕괴 11~17일

만에 극적으로 구조되어 살아났습니다. 이들은 기독교에서 보기에 모두가 마귀인데 왜 살려났을까요.

이렇게 예수를 믿지 말라고 영계(靈界)에서 무수히 경고를 했건만, 한국에 기독교인이 1,000만 명을 넘는 것은 민족의 수치며 인류 불행의 예고가 아닐 수 없습니다.

종교는 그 민족의 생활양식이며 풍습이며 전통문화의 계승이며 민족의 혼과 얼이 담겨 있는 대화합의 장을 마련하는 중요한 것입니다. 적어도 4,000만명의 정서는 아직도 불교적 유교적 생활풍습에 우리의 고유문화를 지켜오고 있습니다.

기독교 성경인 바이블에 <죽이다>라는 단어가 275개 들어있고 진멸(殄滅)하다가 104개, 전멸(全滅)하다는 85개, 노략(擄掠)하다가 92개 칼날로 죽여라가 50개 들어 있습니다.

✿ 이런 사람은 교회에 나오지 마라.

(레위기 21장 16~23절)

"16. 여호와께서 모세에게 일러 가라사대 17. 아론에게 고하여 이르라 무릇 너의 대대손손 중에 **육체에 흠이 있는** 자는 그 하나님의 식물(食物)을 드리려고 **가까이 오지 못 할것이다.** 18.무릇 흠이 있는 자는 가까이 오지 못 할지니, 곧 소경이나 **절뚝발이나 코가 불안전한** 자나 지체(肢體)가 더한 자나 19.발 부러진 자나 손 부러진 자나 20.곱사등이나 **난장이나 눈에 백막이 있는** 자나 괴혈병이나 버짐이 있는 자나 **불알 상한** 자나, 21.제사장 아론의 자손 중에 흠이 있는 자는 나와서 하나님의 식물을 드리지 못할

지니 23.장(帳)안에 들어가지 못 할 것이요, 단(壇)에 **가까이 못할지니**"

「분명한 답은 육체적 결함이 있는 사람은 교회에 나오지 말라는 **하나님 여호와의 엄명**입니다. 단(壇)이나 장(帳)은 지금으로 치면 교회나 성당입니다.

하나님이 무엇이 아쉬워 먹을 음식인 식물을 필요로 했겠으며, 이것도 몸에 이상이 있는 사람은 아예 얼씬도 말고 건강한 사람만이 제물을 바치라는 것입니다.

정말로 창조주이며 사랑이 넘치는 하나님이라면 육체적 불구자 또한 하나님 자신이 창조한 창조물일진대 학대하고 천시하는 이유가 무엇이겠습니까? UFO 외계인이니까!

어떤 부흥회 목사는 하나님이 교회에 나오지 말라고 엄명한 장애인들을 굳이 데리고 나와서 불치병을 고쳤느니, 신유(神癒)의 은사가 있었느니 하며 박수치고 울고불고하며 허풍을 떨며 간증하는 것을 보면 정말로 그 죄가 너무 커서 오히려 불쌍합니다.

장애인들도 정말 괴로울 텐데, 무슨 선택이나 받은 양, 간증하며 찬양하는 것을 보면 영혼까지 속는 것이 아닌가 걱정이 됩니다.」

기독교(천주교)가 사회에 끼친 영향은 긍정적인 면도 있지만, 그것은 곧 바로 더 큰 악영향으로 혹세무민의 중추적 역할을 가중시킨 결과를 가져왔다고 생각합니다. 기독교 시대였던 서구의 중세를 암흑시대라고 합니다.

인류가 멸망하는 것은 자연재해가 아니라, 심판사상에 찌든 고

집스러운 종교전쟁으로 망하게 됩니다.

첫째, 고대 올림픽의 중단

고대 올림픽은 BC776년에 그리스의 아테네에서 시작하여 AD393년까지 4년마다 개최하여 293회까지 약 1200년이란 장구한 세월에 걸쳐 인류화합의 꽃을 피웠으나, 로마가 전 유럽을 지배하며 313년에 콘스탄티누스 황제(274~337년)가 기독교를 인정하고 391년 기독교가 국교로 정해지면서 인류의 비극은 시작됩니다.

393년 데오도시우스 황제의 칙명으로 올림픽이 중단되었는데, 그 이유는 절대 유일신인 여호와 이외의 다른 신을 인정할 수 없기 때문에 제우스 신(神)을 제사 지내는 제전(祭典)행사인 올림픽은 우상숭배이므로 중단되어야 한다는 것입니다. 사실 기독교인은 올림픽에 참가해서도 안 되고 참가하면 벌 받는 것이 아닌가요?

둘째, 찬란한 고대문화와 사상의 단절

자연 과학적이며 매우 합리적 실용주의 사상들이 사장되어 중세의 암흑시대가 시작됩니다.

지동설은 르네상스 후 코페르니쿠스에 의하여 발견 된 것이 아니라 기원전, 즉 예수 태어나기 전인 BC 310~230년에 그리스의 천문학자 아리스타르코스에 의하여 BC 281년 경에 지구의 자전과 공전이 발견되었습니다.

천지를 창조했다는 하나님이, 지구가 도는 줄도 모르는 엉터리가, 지구가 돈다고 증명한 과학자들을 박해하고 무참히 죽였습니다.

셋째, 르네상스 운동과 현대문명

르네상스(Renaissance)의 의미란, 쉽게 이해하자면 유럽각지에서 14~16세기에 일어난 고대 그리스, 로마의 문화를 재생, 부흥, 부활시킨다는 표현으로 복고주의(復古主義) 문예부흥(文藝復興) 등으로 불리지만 **더 쉽게 한 마디로 표현하자면 기독교 버리기 운동**입니다.

이 기독교 버리기 운동으로 코페르니쿠스에 의하여 지동설이 재정립되었고, 그 과정에서 많은 과학자들이 기독교도들에 의해 처형되고 감금 테러 되었습니다.

종교재판에 걸려든 피고인은 5세에서 85세까지 있었습니다. 일단피고인이 되면 잔인한 고문이 자행되었고 고통을 견디지 못해 허위자백을 하면 이단자로 낙인 찍혀 대체로 대중 앞에서 공개화형에 처해졌습니다. 처형과 고문방법 몇 가지만 살펴보면,

1) 뾰족하고 날카로운 칼과 송곳들이 박혀 있는 둥근 나무 통속에 이단자를 나체로 집어넣어 굴려서 온몸이 찔려 피투성이가 되게 하는 방법.

2) 길고 뾰족한 못과 칼을 수없이 박아 놓은 판자를 땅바닥에 깔아 놓고 나체가 된 이단자들을 높은 곳에서 떨어뜨려 전신이 찔려서 고통스럽게 즉사시키는 방법.

3) 이단자의 자녀들을 잡아서 부모들이 보는 앞에서 살해하거나 끓는 물속에 던져서 삶아버리는 방법.

4) 끓는 납을 이단자의 귓속이나 입속에 부어 넣는 방법.

5) 등 뒤에 묶은 두 팔에 밧줄을 매어 공중에 매달아 올렸다가 갑자기 땅에 떨어뜨리는 방법.

6) 눈알을 파내고 혀를 자르는 방법.

7) 이단자들을 나체로 거꾸로 매달아 놓고 말려 죽이는 방법.

8) 사지(四肢)를 찢어 죽이는 방법, 네 마리의 말이나 소가 사방으로 달려가면 사지는 찢기고 몸통은 산산조각이 된다.

(조찬선 목사 지음 기독교의 죄악사 331쪽에서)

이런 끔찍한 방법이 실행되는 동안 천주교 신부들은 성의(聖衣) 입고 십자가를 들고 지켜보면서 승리의 찬송가를 불렀습니다. 이것이 과연 사랑의 하나님이 하는 짓일까요 마귀의 짓일까요. 중세에 교황 중에 매독에 걸린 사람이 여럿이 있었으니 그 외에 신부들은 어떠했겠습니까?

16세기에 기독교의 재판으로 40만 명 이상이 이단으로 몰려 불태워 죽었습니다. 이는 참으로 무서운 대 악마의 소행이 아닐까요?

기독교 버리기 운동으로 세계는 발전했고 서구의 각 나라가 부강하게 되었습니다. 기독교 버리기가 신의 노예에서 해방되는 길입니다.

넷째, 기독교 전쟁과 전통문화의 말살

인류 역사상 가장 크고 가장 잔인하고, 가장 긴 전쟁이 바로 종교 전쟁이라고 하는 기독교 전쟁입니다.

이는 또한 점령국에 대한 인종말살 및 씨 말림과 전통문화의 파괴와 말살을 서슴치 않았습니다.

세계 도처에 산재해 있는 인류의 고적(古蹟)들이 이들에 의하여

무참히 파괴 되었고, 각 민족이 간직하고 있는 그 민족의 미풍양
속이 기독교 교도들에 의하여 무참히 무너지고 있습니다.

다섯째, 가정파괴와 사회악

사이비나 이단은 기독교에서만 사용되는 전문용어로 기독교 성
경이 바탕이 되었으며, 다른 종교를 배타하고 마귀라고 가르칩니
다. 자식이 부모를 감금하고 테러하며 학대하고 죽인 사건이 SBS
95년 3월 20일 저녁 8시 뉴스에 의하면 (기독교 장로인 김영삼
정권 때, 93년 부터 95년 3월 20일까지) 존속 살해 사건 77건, 존속
상해치사 23건, 존속상해 1,253건, 존속폭행 793건, 존속 감금 12
건, 존속협박 69건으로 도합 2,227건 입니다.

이 사건의 대부분이 기독교와의 갈등에서 일어난 가정 사건이며,
기독교 장로인 김영삼씨가 대통령 임기 5년중 3년도 안되어 일어
난 사건들이므로 그 후에 또 있었을 것이며, 해방 후 지금까지 통
계를 낸다면 이보다 몇 십배는 더 많을 것이라고 생각됩니다.

우리 민족에게는 세계에서 뛰어나고 위대한 사상이 있습니다.
바로 한국의 국조(國祖)이신 단군성조(聖祖)께서 인간을 널리 이
롭게 하는 **홍익인간(弘益人間)** 사상과 이치로서 세상을 다스린다
는 **이화세계(理化世界)**입니다.

대 자연의 순응이 참다운 하늘의 이치이며, 공생공영(共生共榮)
하는 것이 홍익인간의 실천덕목이 되는 것입니다. 세계가 이미 하
나이며, 민족의 개념도 단일 민족이 아니라 다민족·다문화가 공
생하는 방법은 모두 홍익인간의 이념으로 공생의 길로 가는 것입

니다.

역사는 지워지지 않고 돌이킬 수 없는 우리를 비추는 밝은 거울입니다. 그 밝은 거울을 보면서 얼굴에 똥이 묻고 옷에는 냄새가 나는 줄 모른다면 얼마나 어리석은 민족이겠습니까?

서양에서 발생한 기독교가 왜 그들에 의해서 버려지고 있겠습니까? 인간이 사악해서 그런 것도 아니고, 믿음이 약해서 그런 것도 아니고, 신앙심이 없어서 그런 것도 아닙니다. 인간은 교육에 의하여 발전하며, 발전하면 사악해 지는 것이 아니라 오히려 생각이 올바르고 건전해져서, 기독교 같은 극단적인 미신의 길을 선택하지 않습니다.

진정한 인류의 평화를 위하는 길이라면 지혜로운 종교와 각 민족의 전통이 살아 있는 과학적인 종교가 필요한 때입니다.

범민족 깨닫기 김도기. 훌륭회 이회장. 국제 바른 종교 연구회 김종성. 국제 성경 연구회 이계석. 반기련 이찬경. 한민족 예의 도덕 선양회 석정무. 위봉회 심판주. 정수회 박승권. 정사회 박혜경. 국사모 양법문. 미국L.A 임종하. 현정회 나영채. 수도회 김도영.

2008년　8월 27일 법보신문　　10월 13일 대전일보.
　11월　5일 12일 충남일보　　12월 24일 한라일보.
2009년　4월 24일 충남일보　　5월 15일 18일 중앙매일
　　　　　　　　　　　　　6월 16일 22일 중앙매일
　　　　　　　　　2010년 11월 19일 중앙메일

다음의 글은 1995년 8월 30일 세계일보 산하 종교 신문 뒷면에 김영삼 대통령에게 보내는 〈대형 사고는 하나님의 뜻인가〉 라는 제목의 전면광고의 내용임

대형 사고는 하나님의 뜻인가?

김영삼 대통령께

국가와 민족의 장래를 위하여 불철주야 노심초사하시는 대통령님의 노고에 대하여 진심으로 감사드립니다. 불교의 장엄염불에 보면 "다섯 가지 큰 은혜를 잊지 말고 마음에 깊이 새기라(五種大恩, 銘心不忘)"는 것이 가운데, 첫째가 "각안기소국왕지은(各安其所國王之恩):각기 처한 곳에서 편안히 사는 것은 국가 원수의 은혜이다."라고 했습니다.

이렇듯 국가의 변란이나 재앙 또는 홍복(弘福)이 국가 원수의 정치 경영에 따라 좌우됨을 뜻한 글이라 볼 수 있습니다.

당돌하게 감히 대통령께 여쭙고자 하는 것은 한 사람의 종교인으로서 기독교장로인 대통령께 신앙적인 측면에서 제반 사항을 여쭙고자 하오니 노여워 마시고 지도해 주시면 감사하겠습니다.

기독교 신앙은 모든 것이 하나님이라는 여호와(야훼)가 창조하고 파괴도 하는, 모든 것을 좌지우지하는 그야말로 전지전능한 유일신(唯一神)입니다.

마태복음10장 29절과 누가복음 12장 6~7절에 보면 『참새 한 마리라도 너희의 아버지〔여호와 신(神)〕께서 허락하지

않으면 땅에 떨어지지 않는다. 아버지께서는 너희의 머리카락 까지도 다 세어 두셨다. 그러니 두려워하지 말라. 너희는 수많은 참새보다 훨씬 더 귀하다』. 라고 되어 있습니다.

제가 어릴 적에 교회에서 배운 바에 의하면 하나님 말씀인 성경은 일점일획도 틀리지 않는다고 했습니다. 그렇다면 이 이야기를 돌이켜 볼 때 모든 죽이고 살리는 일이 모두 기독교인이 말하는 하나님인 여호와의 뜻에 의하여 이루어진다는 결론입니다.

이것이 아니라면 일점일획도 틀림이 없다는 하나님 여호와의 말씀은 거짓이라는 뜻이 됩니다. 한마디가 틀리면 모두가 틀린다는 평범한 진리를 모르고 있는 것은 아닌지요.

참새 한 마리의 생명도 고귀하게 여겨 함부로 떨어지지 않게 하겠다는 하나님의 참사랑이 아닐 수 없습니다. 그러나 어리석은 인간은 재앙이 닥칠 때마다 믿음이 약하느니 의심이 있느니 하며 괴변으로 더욱 더 맹신을 강요하고 있습니다. 마치 독재자와 같이 신앙의 독선과 아집이 뿌리를 더욱 깊이 내립니다.

대통령께서는 기독교의 장로라는 직함으로 믿음의 척도가 깊다는 것을 단번에 증명해 줍니다. 그 믿음을 시험이라도 하듯 욥기에 나오는 욥처럼 대통령께서 문민정부를 출범시킨 지 3달도 안되어 2~3개월 사이에 적게는 수십 명으로부터 많게는 수백 명이 순식간에 죽는 대형 참사로 취임 2년 반이 핏빛으로 물들여졌습니다. 이런 참사가 부정부패가 원인이요, 부실공사가 원인이라고 하기에는 너무 단 순간에 이루어졌고, 그 참사(慘死)자 대부분이 기독교 신앙을 가진 철저한 기독교인으로 참새 한 마리도 사랑한다는 하나님이 외면하고 기독교 신앙과 무관한 - 기독교인이 마귀라고 가르치고 불교 믿으면 지옥에 간다고 가르친 불교인이 그 참사 속에서 살아난 것을 여호와 하나님은 무엇이라고 변명을 하겠습니까?

아웅산 사건은 사람의 잘못인가!

1983년 10월 9일 버마 아웅산에서 시체가 갈기갈기 찢기어 처참한 죽임을 당한 15명의 고귀한 분들이 모두 장·차관으로서 기독교 신앙을 가진 장로 집사들로서 믿음이 충만했던 사람들이고, 살아난 단 한 사람은 기독교인이 보기에 사탄이라고 하는 독실한 불교인으로 이기백 장군입니다. 이기백 장군은 군법당을 신축할 때 가장 많이 후원한 장군으로 널리 알려진 열렬한 불교신자였습니다.

(1993년 3월 구포에서 무궁화 열차전복 78명 사망. 7월 아시아나 항공추락 166명 사망, 10월 서해 훼리호 292명 사망, 1995년 대구지하철 101명 사망)

삼풍백화점 참사의 교훈

멀리 되짚을 것도 없이 근자(95,6,29)에 일어난 삼풍백화점 참사의 예를 보겠습니다. 한곳에서 5백 보명이 한 번에 죽는 참사는 전쟁터에서도 보기 힘든 일이라 봅니다. 그런데 공교롭게도 삼풍백화점 李鐏회장이 예수교회의 안수집사로서 골수 교인입니다. 그 가운데 또 기적을 이루고 살아난 최명석, 유지환, 박승현 3명은 모두가 불교인이고, 교회에서 하나님이 굽어보는 자리에서 백년가약을 맺은 윤연수 검사의 일가족 4명은 시체도 찾지 못한 채 그 교회에서 장례를 치러야 하는, … 믿음이 충만한데

세 딸을 한 번에 잃은 정광진 변호사, 전지전능하다는 여호와 하나님의 무능을 단적으로 보인 것이며, 믿음이 충실한 자기 종은 죽이고, 사탄은 살리는 이상한 섭리를 도저히 이해하기 힘들군요, 물론 불교인도 죽고 무종교인도 죽었습니다.

그러나 단순 죽음이 아닌 말로 표현하기 힘든 참담한 …! 기독교 신앙에서 본다면 도저히 이해 못하는 부분이며, 「주 예수를 믿으라. 그리하면 너와 네 집안에 구원을 얻으리라(사도행전16:31)」 는 말씀을 믿어도 될까요. 믿어서 망한 사람은 많아도 구원된 사람은 몇 명일까요? 한 두 달도 안 되어서 사형틀인 ＋자가를 뱃머리에 표시한 시프린스호의 기름유출사건, 기독교 재단에서 운영하는 경기여자 기술학원 화재 37명 사망, 다리가 끊어지고, 배가 가라앉고, 비행기가 추락하고, 가스가 폭발하고, 열차가 곤두박질하는 것 등을 일일이 열거하자면 지면이 모자랄 것이고, 이 모든 것이 부정부패 부실공사에서 발생했다고 보기에는 너무 짧은 기간에 발생했고, 우연의 일치고는 너무도 믿음이 돈독하고 하나님 여호와의 은혜가 충만한 장로이신 대통령의 재임 반도 넘기지 않은 시점에서 일어났다는 것이 이해하기 힘든 일입니다.

혈지우(穴知雨) 소지풍(巢知風), 구멍에 사는 동물은 장마 같은 비오는 것을 알고, 둥지 틀고 사는 날짐승은 태풍 부는 바람을 알아 피해를 모면한다고 했습니다.

만물의 영장이라는 인간이, 그것도 하나님의 은혜를 듬뿍 받은 믿음이 충만한 按手집사 이준회장. 건물의 균열을 보고도 사전에 예방치 못한 무지, 그것은 분명 제 정신이 아닌 속된 말로 무엇이 씌었다고 하는 것으로 귀신 씌었다고 합니다. 그 민족에

맞는 신앙과 영계(靈界) 정서가 흔들리면 사고가 끊이지 않습니다.

부모를 죽인 패륜은 도덕의 부재인가.

SBS 95년 3월 20일 저녁8시 뉴스에 의하면, 93년 이후부터 지금(3월20일)까지(문민정부 이후) 존속 살해 사건77건, 존속 상해치사 23건, 존속상해 1253건, 존속폭행 793건, 존속감금 12건, 존속협박 69건으로 존속에 대한 사건이 도합 2,227건입니다.

하루 평균 8,3건이 발생했다는 이야기입니다. 이런 존속 살해나 비속 살해가 거의 기독교 신앙을 가진 사람이 가해자나 피해자라는 사실을 꼭 아셔야 합니다.

자식 박한상에게 난도질을 당하여 죽은 박순태, 조순희 부부는 반석교회에 20년을 다닌 믿음이 충실한 교인이고, 잠자는 아버지를 목을 찔러 죽인 대학교수 김성복도 믿음이 충실한 교인이고, 94년 9월 22일 지존파에게 살해되어 화장까지 당한 蘇潤五, 朴美子씨 부부 역시 직원들을 데리고 아침마다 예배를 보는 열렬한 기독교인입니다.

이렇게 끔직한 사건이 터질 때마다 윤리 도덕 교육이 안 되었느니, 황금만능이 불러온 재앙이니 어쩌니 저쩌니 하며 지껄이는 학자들이나 기독교인들을 보면 한심하기 짝이 없습니다.

세계의 어느 나라에 우리나라만큼 학교 교육에 윤리 도덕 시간이 많은 나라가 있습니까? 하나님의 은혜로 구원이 충만한 교회는 날로 늘어나 세계에서 제일 큰 교회가 몇 개씩이나 되는데, 흉악한 범죄와 사고는 더욱 기승을 부립니다. 믿음이 약해서, … 하나님의 시험이니 … 하나님의 섭리이니…하며 이상한 변명을 하는 괴변이 사라지지 않는 한, 참다운 인간교육은 찾아 보기 힘들 것입니다.

崔映圭 목사의 딸 등 일가족 4명이 산채로 吳 泰煥에게 생매장되어 죽었는데, 최 목사의 믿음이 약해서 그랬을까요? 시험일까요. 참으로 희한한 일은, 일찍이 요절하면 하나님이 필요해서 일찍 데려 갔다하고, 다리 한쪽 부러지면 다른 한 쪽마저 부러뜨리지 않아 감사하다고 기도하는 믿음에 그저 경탄할 따름입니다.

자식을 제물로 바치는 모정은 어떤 믿음인가.

내리 사랑이라고… 그래도 부모가 자식에게 죽는 일은 2년 반 사이에 100건이 넘어 면역이 될 대로 되었지만, 부모가 자식을 죽이는 일도 교인에게 일어나고 있다는 사실을 대통령께서는 아시는 지요. 1992년 2월 6일 고양시 S 교회에 다니며 딸을 하나님께 제물로 바친다고 부엌칼로 다섯 곳을 찔러 죽인 어머니 李銀淑…

세 딸을 목 졸라 죽인 전주시 서서학동에 사는 교인 김모씨, 1994년 1월 30일 백일기도 방해된다고 칭얼대는 3살된 딸을 욕조에 넣어 물에 담그고 때려 숨지게 한 어머니 임갑숙씨와 집사 박명숙씨, 1994년 12월 광신도 이모에 의하여 초등학생이 복부에 +자 형으로 난자당하여 죽었습니다. 윤리 도덕에 있어서 완전해야할 종교인 … 그런데 부모를 죽이고 자식을 죽이는 일이 무종교인이 아닌 기독교인에 의해서 이루어진다는 사실을 확인하셔야 할 것입니다.

부모를 죽이고, 자식을 제물로 바쳐 죽이고, 생매장 시키고, 불에 태워 죽이는 등이 제정신에서 했겠습니까? 더욱 황금만능이니 교육부재니 하는 식으로 문제를 해결하려고 한다면 큰 오산입니다. 문맹시대, 피죽을 먹은 시대에도 부모를 죽이고 자식을 죽이는 일은 없었습니다.

『내가(예수) 세상에 화평을 주러 온 줄로 생각하지 말라. 화평이 아니요 칼을 주러 왔노라(마태 10:34)』

『너희가 나의 명령을 배반할진대 너희가 아들의 고기를 먹을 것이요, 딸의 고기를 먹을 것이며(레위기 26:29)』

『네 하나님 여호와는 소멸하는 불이시오 질투하는 하나님이시라(신명기 2:15)』

『아주(제물로) 바친 그 사람은 다시 속하지 못하나니 반드시 죽일지니라 (레위기 27:29)』이 외에도 성경 전체가 모순으로 일관되지만 간략하게 예를 든 것입니다. 여기에 대해서 어떻게 생각하십니까?

93년 5월 8일 친딸 세 명을 성폭행하여 형량 최고 1백년 이상이 될 것이라는 전직 목사 조경목씨, 창세기 19장 36~38절 "롯이 두 딸과 교합하여 모압과 암몬 족속을 낳게 한 하나님의 처사를 본뜬 모양입니다." 오대양 사건 등, 93,4,19 하나님을 믿는 논산읍 서울 정신과 의원에서 불이나 34명이 죽은 일 등 헤아릴 수 없는 사건, 시한부 종말론으로 사람들을, 특히 맹신자들에게 공포감을 부추켜 전 재산을 헌납 받고, 가정을 파괴한 파렴치한들, 휴거(携擧)로 전국을 떠들썩하게 하고 가정과 사회를 불안케 했고, 해방신학의 도시산업선교회, 약칭 도산이 들어와 노동자들을 선동하여 기업을 도산 시키는 등 기독교의 병폐가 얼마나 큰지 알아야 합니다.

「원수를 죽여라」는 말의 뜻은

자기 생각과 맞지 않으면 이단이라고 죽이는 탁명환 사건, 정적을 죽이라는 예수의 말씀대로 『나의 왕 됨을 원치 아니하던 저 원수들을 이리로 끌어다 내 앞에서 죽이라.(누가복음 19장 27절)』는 성경. 원수를 사랑하라는 산상수훈 중 어떤 것을 믿어야 할지요. 일설에 의하면 김대통령께서 하신 사정이 누가복음 19장 27절이 아니냐고 비아냥거리는 사람들도 있습니다.

대형 사고를 없애려면 한국의 정서에 맞는 종교를 믿어야 합니다. 정말로 대통령께서 하실 참다운 정화운동은 장래에 있을지도 모를 한국의 기독교 전쟁을 미리 막는 것이라 생각합니다. 대통령께서 기독교의 장로로서 정화한다면 기독교인도 기독교 탄압이라고 하지 못할 것입니다.

종교와 신앙은 민족의 전통문화를 꽃피우는 민족의 혼과 얼이며 국민정신이고, 민족의 전통적 슬기와 지혜의 근원이며, 민족 동질성을 이루고, 민족 대 화합을 이루는 원동력입니다.

사대주의 노예 신앙으로 민족의 주체성을 상실하고 믿지 않으면 부모 형제에게도 마귀 사탄이라고 서슴없이 〈저주하는 교회 교육이〉 학교의 도덕 윤리 교육을 넘쳐 부모를 죽이고 자식을 죽이는 맹신으로 번졌습니다. 맹신과 미신의 독(毒)에서 해방시켜야 할 것입니다.

여기에 민족 대화합의 길이

대통령께서 우리나라의 전통문화를 무엇이라고 생각하십니까? 1600여년의 불교문화와 500년의 유교문화… 기독교 신앙심을 가지신 것의 반이라도 불교나 유교에 대한 서적이나 그 외에 관심을 가져 보셨는지요, 세계의 어느 나라를 보아도 단일 민족으로서 극을 달리는 종교 문화의 형태는 없을 것입니다. 더구나 흑백이 분명한 기독교 문화와 공존한 그 어떤 신앙도 없습니다.

이스라엘 민족이 왜 비참한가. 왜 국가 없이 2000년을 유리 방황했는가, 이스라엘의 비극은 여호와 신을 믿는데서 비롯된 것이요, 한국의 비극도 예수교의 맹신에서 비롯되고 있는 것입니다. 자기들이 맹신하는 것은 종교의 자유이고, 다른 사람이 믿는 고유의 신앙은 우상숭배라고 배타하는 독선이야 말로 민족을 이간시키는 가장 큰 민족의 독(毒)이 아닐 수 없습니다.

오히려 남북이 합치기는 쉬워도 기독교와 합치기는 어려운 것입니다. 기독교에 대한 자성의 소리로 옳은 이야기를 하면 종교 탄압이라고 벌떼처럼 일어나는 광신이야말로 장래에 전 인류를 제2의 중세의 암흑 속에 넣는 결과를 낳을 것입니다.

기독교를 자정 시킬 수 있는 사람은 불교인도 아니요, 무종교인도 아니며, 정치인도 아닙니다. 정치적 힘의 역량이 있는 사람으로서 기독교 장로 직위 이상에 있는 사람만이 가능한 것으로 이런 일은 오직 김 대통령께서만 가능합니다.

참다운 정화, 참다운 사정은 멀고도 가까운 장래에 닥칠 종교의 분쟁에 화합의 장으로 참다운 진리의 길을 여는 것입니다.

1995년 8월 30일

(圓心禪院 院長 金宗成. 慈光聖經研究所 所長 丁亨寬)

이상은 「대형사고는 하나님의 뜻인가?」 는 김영삼 대통령에게 1995년 8월 30일에 종교신문의 광고를 통하여 보냈던 내용입니다.

다음의 내용을 바이블을 통하여 읽어 보면 왜! 이렇게 많은 사고가 발생하며 재앙이 속출하는지 알게 됩니다. 신의 가피가 있다면 죽을 고비에서도 살아나는데! 멀쩡한 사람들이 떼죽음을 당하는 것도 신의 가피인가요?

언론에 공개되지 않은 기독교인들의 사건사고는 몇 권의 책으로도 모자라며 정신병자들의 80%이상이 기독교신앙을 가졌거나 가졌던 사람입니다. 정신병원에 가보십시오.

서구의 모든 전쟁이 종교전쟁이라고 하는데, 종교전쟁이 아닌 오르지 기독교 전쟁으로 침략전쟁이며 문화의 찬탈입니다.

사랑하는 아내나 아들과 딸까지 가차 없이 돌로 쳐 죽여 가며 여호와를 믿어야 하는 급박한 상황이 왜 일어났는지 앞의 그림 여호와의 모습의 내용을 읽어보아 알았을 것입니다.

8. 심령 부흥회(心靈復興會)

이상에서 보았듯이 기독교의 하나님은 존재하지도 않는 허상이며 더구나 신(神)적이거나 영(靈)적인 존재는 더욱 아닙니다.

눈에 병이 나서 백태가 끼면 헛것이 보이며 존재하지도 않는 공화(空華)가 보이고, 귀에 병이 나면 헛소리가 들리는 환청이 들리게 되고, 마음에 병이 나면 온갖 쓸데없는 망상이 일어나 도가 지나치면 귀신들려 헛소리를 하게 됩니다.

심령부흥회라는 것, 성령(聖靈)이 충만하게 임했다는 등의 헛소리는 바로 잡신(雜神)들린 헛소리가 분명합니다.

이미 기독교의 하나님이라는 여호와는 UFO이거나 악랄한 괴물임을 위에서 밝혔듯이 존재하지 않는 신(神)이 어떻게 들리겠습니까?

그러니 잡신(雜神)들린 것이 분명하지요. 목사가 하나님께 계시 받았다는 것은 바로 귀신들렸다는 것이며, 혹자는 방언(方言:내용을 알 수 없는 말)을 한다든지 하는 것은 모두 잡신들린 일입니다.

귀신이나 신이라는 것은 무엇이가요? 지성여신(至誠如神)이라는 말이 있습니다. 정성이 지극하면 신과 같다는 뜻입니다. 신막신어지성(神莫神於至誠) 신은 정성이 지극하면 생긴다는 뜻이지요.

정성이 지극하면 하늘이 감동한다든가 신과 같다는 것은 자체신기(自體神氣) 현상으로 생기는 자연적인 현상입니다.

그러니 누구나 정성껏 기도하면 신적이거나 영적인 체험을 하는 것으로 이것은 정말로 존재하는 신들이나 영들과 관계가 없는 자체신기(自體神氣)로 일어나는 것입니다.

그것을 자신도 모르고 정말로 신이 있는 것처럼 돈을 벌기 위하여 교묘히 속이는 것이 이들의 수법이 아닌가요. 영적으로 운운하는 목사들은 잡신(雜神)들린 100% 남자 무당인 박수가 틀림없지 않을까요.

9. 인류의 불행은 어디에서 시작되었는가.

위의 내용에서 본 봐와 같이 모든 것이 역사적으로 들어난 확실한 사건입니다. **인류의 불행은 인간의 어리석음이 만들어 낸 미신적 기독교 신앙에서 시작되었습니다.**

사람이 사람을, 존재하지도 않는 신(神)을 만들어, 존재하지 않는 신(神)에게 제물로 바치기 위해 산채로 죽이고 심판이라는 명분으로 산채로 십자가에 매달아 불에 태워 죽이는 극악한 만행을 기독교(천주교)에서 저질을 수밖에 없었습니다.

이런 괴물 같은 **여호와(UFO)의 공포적** 만행은 두려움의 존재로서 극악한 행위는 오직 신(神)의 이름으로 이루어진 중세와 근세에 이르기까지 바이블을 바탕으로 한 기독교(천주교)에서 자행되었던 잔악한 사건들입니다.

기독교에서 말하는 절대의 신은 존재하지도 않지만, 가령 정말로 신이 존재한다고 하더라도 그 신은 테러와 약탈과 살인 방화 전쟁을 일으킨 주범으로서 악(惡)의 신으로서 **창조적 선신(善神)이** 아니라. 엄밀히 평가한다면 파괴의 **악신(惡神)으로** 마귀(魔鬼)라고 불러야 당연한 일이며 **악독한 대악마라고** 하여야 할 것입니다.

역사적 사실이 이를 증명합니다. 서구의 그릇된 기독교신앙의 발생으로 말미암아 인류의 불행은 시작되었고, 결국은 평화와 구원이 아닌 대 재앙을 가져왔었음으로 이러한 교리가 그대로 있는 한, 앞으로 대재앙이 반드시 또 닥친다고 볼 수 있습니다.

지금도 세계가 불안에 떨고 있는 것은 자연의 재해보다도 인간의 어리석은 마음이 만들어 낸 **하나님이라는 신들의 전쟁이** 인류의 끝장을 예고하고 있습니다.

하느님이라는 용어는 앞으로 천주교(기독교)에서 절대로 **사용하면 안 됩니다.** 하느님은 우리 고유의 용어이며 특히 **불교의 고유 용어입니다.**

천주(天主: 하늘의 주인) **천왕**(天王: 하늘의 왕) **천제**(天帝: 하늘의 임금) **천존**(天尊: 하늘에서 가장 높은 분)을 번역하면 **하느님입니다.** 천주 천왕 천존은 불경에만 나오는 불교의 고유용어 입니다.

사서삼경(四書三經)이나 노자(老子) 장자(莊子)에도 나오지 않는 단어입니다. 왜 불교의 고유 용어를 기독교(천주교)에서 도용하여 국민들로 하여금 헛갈리게 합니까?

장로(長老)라는 용어도 바이블에 없는 불교의 고유용어입니다. 좋은 용어를 도적질하다가 쓰며 민족혼을 말살하고 있습니다.

인류의 불행은 인간의 어리석음이 만들어 내는 것이지 자연이나 기타 귀신 도깨비 같은 신이나 조물주라는 창조신에 있는 것이 아닙니다.

가장 악랄하고 가장 미신적이며, 테러와 전쟁으로 얼룩진 천주교(기독교) 경전인 바이블이 존재하는 한 기독교 교리의 새로운 궤변적(詭辯的)방법으로 신흥종교의 출현은 언제든지 계속되게 되어 있습니다.

그렇기 때문에 이들은 서로 이단이라고 싸우며 또 새로운 교파를 만들어 정통이라고 우기며, 이렇게 하길 2만 건이 넘어 교파수가 2만개가 넘는다고 합니다.

10. 선과 악의 기준

무엇이 선이며 무엇이 악입니까? 선의 기준은 어디에 둘 것이며 악의 기준은 어디에 둘 것입니까? 우선 기독교의 관점에서 본다면 인간은 누구나 원죄(原罪)라는 굴레 속에 얽매어, 태어날 때부터 죄인으로서 모든 인간은 악의 범주에 들어가 있습니다.

그러나 보편타당한 논리로 본다면 악의 기준은 생각하기에 따라 지역의 정서에 따라 다르게 생각하며 작용하고 있지만, 살인(殺人)이 악이지요.

버지니아 공대 총기난사의 기독교인 조승희씨의 선과 악에 대한 기준의 편견이 여실히 들어 납니다.

하지만 분명하고 정확하게 악이라고 볼 수 있는 확실한 답은 **남의 생명을 죽이는 일입니다. 특히 사람이 사람을 죽이는 일이야 말로 가장 큰 악이며 가장 큰 죄이며 악마의 소행이라 볼 수 있습니다.**

어떤 절대의 신이나 창조주가 존재하지도 않지만, 설령 존재한다고 가정하더라도 그 위대한 창조주일망정 생명을 죽이는 일을 했다면 악이며, 죄이며, 신이라고 한다면 악마(惡魔)임이 확실합니다.

부처님이 화를 내고 살생을 했다면 그는 이미 부처가 아니요 악마입니다.

그런데 인간의 무지(無智)가 여호와 신을 만들어 놓고 그 이름으로 자신의 신앙에 따라 자신의 죽음은 물론 남의 생명을 파리목숨과 같이 여기는 희한한 신앙들이 있습니다.

기독교로 인하여 인류는 살상(殺傷)의 늪에서 헤어나질 못하고 있으며 그들이 그 신앙을 버리기 전에는 살상은 영원히 진행됩니다.

일단은 살인과 방화 약탈 테러야 말로 가장 큰 죄이며 가장 큰 악마라는 전제하에 신앙의 문제를 다루어야 합니다.

죽어서 천당에 가고 지옥에 가는 일은 여차치고, **가장 큰 지옥이 어디 있겠습니까? 바로 전쟁입니다. 가장 큰 천당이 어디에 있겠습니까? 바로 평화이지요.**

서구의 기독교 신앙은 평화보다는 영원히 식지 않는 분노의 전쟁으로 인류를 공포의 도가니에 몰아넣고 언젠가는 그들로 인하여 심판이라는 이름으로 인류는 종말을 고할 것이 분명합니다. 기독교인 조승희씨의 총기난사도 바로 이런 맥락에서 비롯된 것이라 생각합니다.

유대교와 기독교와 이슬람교는 엄밀히 따지면 같은 신앙이지요. 왜냐하면 유대교는 기독교 성경의 구약만을 믿는 신앙이요, 기독교는 구약과 신약을 믿는 신앙이요, 이슬람교는 구약과 쿠란을 믿는 신앙입니다.

이들의 **공통점은 교과서가 같은 구약을 믿는 다는 것과 인류의 조상이 아담과 하와라는 것이며, 모두가 아브라함의 자손이라는데 있습니다.** 같은 자손 같은 형제끼리 서로 이단이라며 지구가 없어지는 그날까지 서로 죽이고 죽이기를 끝이지 않고 있습니다.

이들이 기독교를 버리지 않는 한, 이들은 지구가 없어진다 하더라도 영원히 식지 않는 증오의 전쟁을 하고 있을 것입니다. 이들이 바로 악의 축이 아니면 누가 악의 축이며 악마겠습니까?

자살 폭탄 테러와 같은 극한 상황이 바로 조승희씨와 무엇이 다르겠습니까? 정신병력 운운하면 안 됩니다. 이런 교리를 믿는다는 신도들 자체가 이미 정신병적인 문제가 있는 것입니다.

참으로 희한한 일이 있습니다. 하나님이라는 신(神)의 이름으로 죽이고 약탈하며 전쟁을 일으키고, **그것이 성스러운 전쟁이라고 성전(聖戰)이라 합니다.** 전쟁에 어찌 성스러움이 있겠습니까? 이것이야 말로 정신병적인 가장 **큰 악이며** 영원히 지워지지 않는 마귀의 소행인 악마의 행위입니다.

잘못된 교리를 바탕으로 사랑과 봉사운동을 전개하며 선교활동을 하는 것을 보면 지금 당장은 착하게 보이고 기대심리에 의하여 구원이 있을 것같이 그럴듯하게 보이지만, 따지고 보면 이익과 세력을 키우기 위한 방법으로 장차 더 큰 악의 씨를 배양하는 악마의 축이 되는 것입니다.

서구가 발전한 것은 문예부흥이라는 르네상스. 즉 기독교 버리기 운동으로 발달한 것입니다. 그 기독교 버리기로 1600년 간의 중세의 암흑에서 벗어날 수 있었던 것이며, 산업혁명의 무기로 약소국가의 찬탈(簒奪)과 침탈(侵奪) 침략전쟁으로 약탈하여 잘 살게 보이는 것입니다

11. 예수는 구세주인가 악마의 화신인가!

본래 악마나 마귀 또는 하느님이나 선신(善神)이 따로 있는 것이 아닙니다. 이 모두가 인간의 어리석은 마음에서 빚어진 우화(偶話)입니다.

선악의 구분을 어떻게 하겠습니까? 갓 태어난 아이를 보고 바보다, 천재다. 혹은 훌륭하다, 악독하다는 등의 말로 표현할 수 있겠습니까? 선악의 구분 또는 성인(聖人)과 악인(惡人)의 구분은 그 사람이 태어났을 때, 붙여지는 것이 아니고 그 사람이 죽었을 때 후세인이 결정하는 것입니다.

그 후세 사람들이 어리석어 정치적 이해관계로 패거리를 만들면 악인이 선인이 되는 수도 있고, 선인이 오히려 묻혀버리는 수도 있습니다.

특히 종교 문제나 신(神)·귀신·영혼 문제에 있어서는 그 누구도 대답을 피해가고 있습니다. 선악의 정확한 구분은 거울보다 명확하게 비쳐지는 역사를 통하여 알 수 있는 것입니다.

죽이면 악이고 살리면 선입니다. 죽이든 살리든지 하는 정확한 원인의 제공자라면 이것도 선악의 기준에 들어가는 것입니다.

인류역사상 사람을 가장 많이 직접 죽이고 죽인 원인의 제공자가 바로 기독교이며, 여호와이며, 예수입니다. 이런 지독한 악마를 어째서 구세주이니 하나님이라고 하며 그 난리였을까요. 인간은 만물의 영장이라고 하지만 귀신 허깨

비 문제에 있어서만은 동물만도 못한 지능을 갖고 있는 것 같습니다.

사실 예수는 악마입니다. 여호와가 악마이니까요. 악마 여호와의 독생자인 자식이니 악마지요.

예수는 죽을 때 비참하게 죽었습니다. 비참하게 죽은 예수가 어떻게 인류의 죄를 대신하여 죽고 누구를 구원하겠습니까?

예수의 죽음에 대한 유언은 다음과 같습니다.
마태복음 27장 46~50절 마가복음 15장 34~37절
「제 9시 즈음에 예수께서 크게 가라사대 "엘리엘리 라마 사박다니(Eli Eli Lama Sabachthani)" 하시니 이를 번역하면 "나의 하나님 나의 하나님 어찌하여 나를 버리셨나이까" 하는 뜻이라.--. 예수께서 다시 크게 소리 지르시고 운명하시다.」

예수 자신도 이미 그의 하나님이라는 여호와에게 버림을 완전히 받았는데. 왜! 지구상에 없는 언어로 번역하여야만 하는 언어로 비명을 지르고 비참하게 떠났을 까요?

다음의 글들을 읽으면 정확한 답이 나옵니다.

마태복음 10장 34- 39절 (예수가 말하길)
34. 내가 세상에 화평(和平)을 주러 온 줄로 생각하지 말라. 화평이 아니라 칼을 던지러 왔노라.
35. 내가 온 것은 사람이, 그 아비와, 딸이 어미와, 며느리가 시어미와 불화(不和)하게 하려 함이니. 36. 사람의 원수가 자기 집안 식구니라. 37. 아비나 어미를 나보다 더 사랑하

는 자는 내게 합당치 아니하고 아들이나 딸을 나보다 더 사랑하는 자도 내게 합당치 아니하리라.

38. 또 자기 십자가를 지고 나를 좇지 않는 자도 내게 합당치 아니하니라. 39. 자기 목숨을 얻는 자는 잃을 것이요. **나를 위하여 자기 목숨을 잃은 자는 얻으리라.**

(우리나라 가정불화의 원인이 기독교이죠)

마태복음 19장 29절

또 내 이름을 위하여 집이나 형제나 자매나 부모나 자식이나 전토(田土)를 버린 자마다 여러 배를 받고 또 영생을 상속하리라. (재물착취의 일환)

마가복음 10장 29.30절

29. 예수께서 가라사대 내가 진실로 너희에게 이르노니 나와 및 복음을 위하여 집이나 형제나 자매나 어미나 아비나 자식이나 전토(田土)를 버린 자는 30. 금세에 있어 집과 형제와 자매와 모친과 자식과 전토를 백배나 받되 핍박을 겸하여 받고 내세에 영생을 받지 못할 자가 없느니라.

(망한 자가 수두룩합니다.)

누가복음 9장 24

누구든지 제 목숨을 구원코자하면 잃을 것이요, 누구든지 나(예수)를 위하여 제 목숨을 잃으면 구원하리라.

(이런 새빨간 거짓말이 어디 있나요.)

마태복음 5장 18절

진실로 너희에게 이르노니 천지가 없어지기 전에 율법의 일점일획이라도 반드시 없어지지 아니하리라.

누가복음 16장17절

그러나 율법의 한 획이 떨어짐 보다는 천지의 없어짐이 쉬우리라.

(이 말은 세상이 없어져도 기독교의 엉터리 같은 율법은 없어지지 않는다는 것입니다. 완전한 엉터리이지요)

마태복음 5장 44절

원수를 사랑하며 너희를 핍박하는 자를 위하여 기도하라.
(개소리지요. 누가복음에서 보세요)

누가복음 19장 27절

나의 왕 됨을 원치 않던 저 **원수들을 이리로** 끌어다 내 앞에서 **죽여라'**

요한 1서 2장 15절

이 세상이나 세상에 있는 것들을 사랑하지 말라 누구든지 **세상을 사랑하면** 아버지의 사랑이 그 속에 있지 아니하니라.

누가복음 16장9절

내가 너희에게 말하노니 **불의(不義)한 재물로** 친구를 사귀라.
(부정부패의 온상이지요)

요한복음 11장 25-26절

예수께서 가라사대 나는 부활이요 생명이니 나를 믿는 자는 죽어도 살겠고 무릇 살아서 나를 믿는 자는 영원히 죽지 아니하리니 이것을 네가 믿느냐.

(예수자신도 개죽음을 당했는데 무슨 부활이며 영생인가.
이런 사기가 어디 있습니까?)

**가정파탄사건 몇 권의 책으로도 모자라지만 몇 가지만 예를
들겠습니다.**

1. 1969년 10월8일 기독교간 시비로 극약을 먹어도 죽지 않
   는다고 입증하려다. 일가족 5명 죽음
   > (마가복음16장18절 무슨 독을 마실지라도 해를
   > 받지 않을지라. 예수가 생사람 잡은 일입니다.)

2. 1981년 6월 29일 50대의 카토릭 여신도 순결 잃은 딸 3명
   살해.

3. 1992년 어린 딸 하나님께 제물로 바친다고 배 갈라 살해

4. 1990년 여호와 증인 세 딸 살해 뒤 자살.

5. 90. 11.15 최영규 목사 일가족 생매장

6. 52명이 집단 자살하는 오대양사건

7. 250명을 살해한 인민사원 사건

8. 91년 1월11일 교회 다니다 미쳐 아버지 토막살해

9. 92년 2월6 딸을 하나님께 제물로 바치기 위해 살해

10. 93년 10월 26일 미국 텍사스주 예수교 종말론으로 86명
    집단자살

11. 93년. 세딸을 성폭행한 한인회장 전직목사 조경목. 큰딸은
    자살

12. 1997년 기독교인 대학교수 김성복이 아버지 살해

12. 예수가 지옥에 있다면 어떻게 구원할 것인가.

십자가(＋)는 사형 틀의 본보기며 인간을 고문하는 형틀이며 무덤의 표시입니다. ＋자가는 비극과 불행을 초래하는 부호이며 교회의 표시로서 지구상에 존재하는 부호 중에 가장 나쁜 부호중의 부호입니다.

외계인의 목격 기록서이며 하나님의 말씀이라는 성경에서 조차 ＋자가는 저주받은 물건임을 증명하고 있습니다. 성경의 내용을 읽어보세요.

신명기 21장 22-23절

사람이 만일 죽을죄를 범함으로 네가 그를 죽여 나무 위에 (＋)달거든 그 시체를 나무 위에 밤새도록 두지 말고 당일에 장사하여 네 하나님 여호와께서 네게 기업으로 주시는 땅을 더럽히지 말라. 나무에 (＋)달린 자는 하나님께 저주받았음이라

갈라디아서 3장 13절

그리스도께서 우리를 위하여 저주를 받은바 되사 율법의 저주에서 우리를 속량하였으니 기록된바 나무에 달린 자마다 저주아래 있는 자라 하였음이라.

『나무에 달린 자마다 저주아래에 있다는 것은, 여호와 하나님의 저주란 바로 지옥입니다. 여기서 나무는 ＋자가를

말하는 것으로 ＋자가 아래에 있는 자는 하나님께 저주받아 있다는 것입니다. ＋자가는 고문하는 형틀이며 사형틀로서 무덤의 표시입니다.

예수뿐만이 아니라 예수의 열두 제자도 ＋자가에 거꾸로 매달려 죽었습니다. 하나님 말씀이라는 성경대로 해석을 한다면 예수는 물론 제자들까지 나무에 달렸으므로 하나님께 죽어서 저주받는 것입니다. 물론 하나님이라는 것이 UFO의 외계인이므로 신이라는 개념의 하나님도 없지만 이 글 내용대로라면 이들은 저주받았으므로 지옥에 있는 것이 틀림없습니다.

예수의 행적을 보면 우선 태어날 때부터 죽을 때까지 살생(殺生)의 원인이 되었습니다. 불교적 입장에서 보면, 죄 중에 가장 큰 죄가 살생죄입니다. 살인죄는 살아생전엔 감옥에 가는 일이요 죽어서는 지옥에 가는 일입니다.

살인에도 5가지가 있습니다. 직접 죽이는 자살(自殺). 남을 시켜 죽이는 청부살인이나 살인 방조에 해당되는 교인살(敎人殺). 죽이는 원인이 되는 원인살(原因殺). 방편을 써서 죽이는 방편살(方便殺). 저주하여 죽이는 주살(呪殺)이 있습니다. 예수는 자살(自殺)을 빼놓고 4가지에 해당되는 살인죄가 있으므로 반드시 지옥에 있는 것이 틀림없다고 봅니다.

살인은 크게 깨달아 공(空)도리를 체득하기 전엔 반드시 지옥에 가게 되어 있다. 그러므로 기독교 교리로 보나 불교 교리로 보나 일반 상식적 법률로 보나 예수와 제자들은 지옥에 있는 것이 틀림없습니다.

영계(靈界)를 보는 영안(靈眼)으로 보아도 예수는 여러 번의 지옥을 드나들며 축생의 몸을 받고 있습니다.

교회마다 지붕위에 +자가가 있으니 그 밑에서 예배 보는 교인들은 모두 저주 받는 것이나 다름없습니다. 그러므로 아무리 기도하고 울고불고 찬양한들 거기에 무엇이 있겠습니까? 하기야 부시맨이 콜라병을 하나님 선물이라고 기도하는 것과 똑같은 현상으로 무엇이 다르겠습니까?

서울의 밤하늘은 어떠한가. 온통 붉게 물든 무덤의 표시인 +자가뿐입니다. 세계의 어느 나라를 보아도 이런 흉물스러운 곳은 없습니다. 하루빨리 철거운동을 해야 합니다.

+자가는 대형사고를 일으킬 수 있는 요인이 된다. +자가를 붙이고 다니는 차량은 교통사고의 위험이 높고, +자가를 몸에 지니고 다니면 사고의 위험이 높고 불치의 병에 걸릴 확률이 높습니다.

기독교 버리기 운동으로 세계는 발전했고 서구의 각 나라가 부강하게 되었습니다. 기독교 버리기가 신의 노예에서 해방되는 길입니다.

"예수천당 불신지옥" 이라는 푯말, 예수 믿으면 천당 가고 예수 믿지 않으면 지옥 간다. 또는 예수는 천당 불교 믿으면 지옥이라는 뜻으로 해석 될 수 있는 푯말을 차량에 달고 다니며 혐오감을 주는 이들! 이제는 그 푯말을 바꿔야 될 것입니다. "예수지옥 불신천당" 이라고.

믿어서 오장이 부글부글 들끓는 마음보다는 믿지 않는 평안이 오히려 천당이나 극락이 아니고 무엇이겠습니까?

무덤에서 예수가 재림하길 기다리며 영혼이 무덤에 갇혀

있으니 예수가 재림하지 않는 한 지옥과 같은 무덤에서 영혼(靈魂)이 영원히 기다려야 할 것입니다. 혐오감과 공해를 유발하는 무덤도 하루속히 없애야 될 것입니다.

기암괴석에 새겨진 석불(石佛)이나 천녀고찰에 들어가 문화재인 탱화에 붉게 십자가를 그리고, 하다못해 천 원짜리와 만 원짜리 지폐에 예수를 믿으라고 십자가를 그려 놓는 광신적(狂信的) 작태는 오로지 한국 기독교인뿐이 없습니다.

김영삼씨가 대통령이 되고나서 우리나라 정서는 온통 기독교 정서였다. 광신자는 더욱 늘고 온갖 사고가 난무했던 문민독재의 암울함은 그의 임기가 빨리 끝나길 기다리는 수밖에 없었다.

서울을 봉헌한다는 사람이 대통령이 되어 각 지방의 광신적 시장 도지사 군수 들은 성시(聖市)를 만들어 봉헌하겠다고 난리입니다. 오장이 뒤집히는 아픔을 겪어야 하는 민족 전통 종교를 믿는 신도들의 한숨 소리가 들리는 듯합니다.

13. 예수 믿고 지옥 가는 교인들!

예수를 믿는 교인들은 어디로 가겠습니까? 예수가 지옥에서 축생으로 있는데, 교인들이야 지옥 아니면 축생으로 가는 것이 자명한 일이 아닐까요?

남의 땅, 남의 집, 남의 절(법당),에 들어와 자기들 땅이라고 우기는 이들의 심성(心性)이 지옥이나 축생이 아니면 무엇이겠습니까. 서울 봉은사 땅 밟기, 대구 동화사 땅 밟기,

부산 범어사 망하라고 통곡 기도하는 이들의 마음이 지옥이 아니고 무엇이겠습니까!

앞에서 보았지만 하나님이라는 여호와는 괴물이 아니면 UFO이기 때문에 믿어서 착하게 살거나 악하게 살거나 어리석기는 매한가지이므로 지옥이나 축생으로 태어나는 것이 확실할 것입니다.

본래 천성적으로 착한 사람이 교회를 믿으면, 교회 믿어서 착하게 사는 것으로 사람들이 착각하여 교회를 좋게 보게 되므로 간접적 선교의 역할을 해서, 본래 천성적으로 착했던 사람도 어리석으므로 지옥이나 축생계에 태어나게 되는 것입니다.

오히려 예수 믿으며 악하게 사는 것이 남에게 혐오스럽게 보이므로 예수를 믿지 않게 하는 간접적 효과가 있어, 교회 다니며 착한 사람보다는 악한 사람이 죄가 작다고 볼 수 있는 것입니다.

그 좋은 예가 봉은사와 동화사 땅 밟기를 한 사람들로 인하여 기독교인이 100만 명 이상 떨어 졌다는 것이 이를 증명합니다. 어쨌거나 이들은 잘 믿던 잘못 믿던 좋은데 가기는 틀렸으니까요.

깨닫지 못한 사람들의 이기적 이익집단의 봉사활동(奉仕活動)은 죄가 더 클 수 있습니다. 봉사는 잘못하면 허가받은 도적이거나 모리배(謀利輩)일 수 있습니다. **교인이 지옥에 가는 11가지 이유**

1. 우주순환의 원리와 자연 질서의 파괴
2. 창조설의 대두로 자연과학의 부정

3. 인류도덕의 파괴, 비과학적 비논리적

4. 똥 묻은 개가 남의 집 마당에 똥칠하고 다니듯 한 무차별
   선교활동.

5. 영계질서의 파괴는 무수히 많은 영혼의 세계를 무시한 유
   일신(唯一神)의 강조

6. 조상신을 우상으로 경노효친 사상단절

7. 미풍양속과 전통문화의 파괴

8. 타종교의 무차별 공격과 이단시.

9. 가장 큰 미신인 진짜 우상숭배자임.

10. 존재하지 않는 창조신을 우상함

11. 종과 노예근성인 사대주의가 강함

범민족 깨닫기운동 모임　김 도 기
국제 바른 종교 연구회　김 종 성
반기독교 시민운동현합　이 찬 경
국제 수신 성경 연구회　이 계 석
한민족 예의도덕 선양회　석 정 무
지혜로운 이들의 모임　김 을 성

인터넷 반기독교 시민운동 연합회의
주소 www.antichrist.or.kr

주소창에 "반기련" 이라고 쳐도 됩니다.

언제든 그 누구와도 관계없이 TV공개토론을 제의 합니다.
여호와가 마귀라는 것을 확실하게 공개토론을 통하여
증명하겠습니다.
　　의문사항 저자 문의 : 010 - 2465 - 1357

14. 역사적 사실로 드러난 진실

인터넷 사이트에 올라 온 글을 소개합니다.

『우리는 자연 만물을 신으로 믿고 조상을 섬길 줄 아는 순하고 착한 귀한 민족이었다. 이 땅에 기독교가 상륙한지 100년, 기독교는 부모 형제를 갈라놓고 예수를 믿지 않으면 부모도 지옥에 떨어드린다고 말한다. 전통문화가 샤머니즘이 되고 민족정신이 미신이 되는 오늘의 대한민국. 예수 천국 불신지옥. 목사들은 "우리나라의 마귀의 물결을 꾸짖어 단죄하여 주옵소서. 악한 사탄의 세력은 결박을 풀고 물러갈지어다." 라고 목청 돋구어 기도한다.

이 어긋난 역사의 책임은 민족정신을 잃고 살아온 우리 모두에게 있을지 모른다.

한민족은 원래 하느님(하나님)의 나라였다. 신(神:귀신신)이 아닌 **신(神 하느님신)**으로 하나님을 가진 나라였다.

한민족은 만 년 전부터 하느님이 너의 뇌에 이미 내려와 있다고 가르쳤다. 민족의 3대경전인 삼일신고(三一神誥) 신훈편에 "간절히 원하면 친히 신을 만날 수 있으니 스스로 수행하여 답을 찾으라, 신은 이미 너의 뇌 속에 내려와 있다."

반만년 역사를 이어온 한민족에게는 깨달음의 큰 성인 지도자가 있었으니, 그들이 바로 우리의 조상이자 아버지의 아버지인 7대환인 18대 환웅 47대 단군이다.

100년 전만 해도 어린 학생들이 구구단을 외우듯 단군 47대를 외우고 배웠다. 그러나 굴욕적인 한일합방이후 외세는 우리의 역사와 정신문화를 앗아갔다.

희망을 잃은 우리 백성들은 찾고 찾은 것은 본심 속에 하느님 신((神), 서양 선교사들은 "한국의 하느님 사상"을 부러워했다.

『한국은 엄격한 하느님의 일신론자이다. 한국이 소유하고 있는 순수한 종교적 개념은 외래적 의식과는 아무런 연관이 없는 것이다.』 —선교사 H,E 헐버트—

서양의 기독교는 God, 여호와 야훼 예수를 한민족의 하느님(하나님)으로 대치하고 주입하여 한민족의 하나님을 빼앗아 갔다.

지금! 세상을 널리 이롭게 한다던 단군 할아버지의 통곡이 들리지 않는가?

"너의 뇌에 내려와 있는 신을 찾아라 그것이 모든 인간에게 있는 선함과 평화와 사랑의 본성이다. 이것이 홍익이다. 당신의 가슴에 민족과 인류의 촛불을 켜라, 우리의 후손에 홍익의 가치와 철학을 물려주어라."

예수의 이름으로 승리를 얻었네!

1592년 4월 14일 7년간의 임진왜란이 시작되던 날, 이 땅에 기독교가 처음 상륙하던 날, 일본군 배에는 ✝자가를 휘날렸다.

25만명 왜군의 10%, 일본군 총수 대부분이 **기리시단**(기독교 원정대)으로 조선인의 귀와 코를 베고 살가죽을 벗기고 인육을 먹던 **'기리시단'**은 십자가를 높이 들고 행군했다.

7년간의 임진왜란은 신의 이름을 가장한 한국판 십자군 전쟁이었다.

「프란시스코 파시오」 일본관구장 고메즈의 비서, 1598년 일본보 중

『임란은 주님의 특별한 배려이며 일본 기독교를 지켜낸 승리의 역사이다.』

김일규목사―전 신학대학 교수. 성결교 신학교 논문 중―

『일본의 조선 침략은 기독교 전파를 위한 하나님의 섭리이다. 하나님의 역사가 히데요시를 통하여 이 땅에 이루어졌다.』

『중세시대 유럽 전역에 피비린 나는 피바람을 부른 십자군전쟁. "여호와 주님을 믿지 않는 자는 모조리 처형하라." 십자군에게 지급된 면죄부(免罪符) 무차별 살상에 대한 그들의 죄의식을 주님만이 용서하셨다.』 이후 제국의 역사는 기독교 선교를 구실 삼아 민족전통을 말살과 횡포, 폭압, 살인을 일삼았다.

카후야라 ― 아켈마을의 추장

"선교사들이 심하게 대했어요, 우리의 관습을 없애려고 했고, 교회에 가도록 했고, 그렇게 하지 않으면 때리고 고문했어요."

이 땅도 예외는 아니었다.

1832년 ― 아편전쟁 확보를 목적으로 한 최초의 개신교 선교사 〈귀출파프〉 협의 없이 제주 무역관 건립추진.

1846년 ― 식민개혁 도구로 선교사의 프랑스 함대 진입.

1866년 ― 제너러서먼호 사건

총칼 찬 토마스 목사의 죽음을 순교라고 미화, 그 이후 천주교 선교사 또는 성인 시호를 받은 104명은 사실 반역자로

처형되었으나 순교자로 미화 성인(聖人)이 되었다.

1868년 ― 선교사 앞장 세워 대원군 부친 남연군묘 도굴이 사건 이후로 천주교를 박해한 것임.

1897년 ― 선교사가 이권을 획득한 노다지 개발 한국인 노동력 착취,

1905년 ― 카스라 태프트 밀약

한국 기독교 선교 자유를 보장하는 대신, 일본 식민 지배를 용인한 열강의 음모, "하나님의 권세인 일본에 복종하라." 일본 식민지 아래 보호 받으며 번영의 꽃을 피운 친일 제국의 기독교. ---

"일본이 한국을 차지하는 것을 보고 싶다. 일본은 러시아에 대한 저지 세력이 될 것이고, 한국을 차지할 충분한 자격이 있다." ― 미국32대 대통령 루즈벨트의 말이다. ―

"주님의 권세로 일본에 복종해야 한다." 일제 치하 일본과 손을 잡은 기독교 천제제단을 헐고 정동교회당을 지었다.

1941년 임전 보국회 조선전시 종교 보국회 조직

1942년 9월 조선 예수교 장로회 평양신사 참배. 일본군 전쟁 승리를 기원하고 보답하는 의미로 국방헌금을 자진해서 낸다는 기사가 기독교 신문에 게재.

그리고, 오늘,― ―

기독교도들의 무차별적 공격으로 사찰방화와 불상파손,

1980년 이후 기독교 학생회와 광신도들 〈장승〉파손

1985년 서울시 사직동에 단군성전 건립 발표, 기독교의 반대로 무산 반민족적 행위이다.

1998년 이후 목사와 신도들 〈단군상〉 파괴 파손.

2007년 ―보수 기독교 단체 뉴라이트 민족 역사를 말살한 역사 교과서 발간. 교과서엔, 일제 강점기를― 시장경제 구축기, 사회 간접자본 확충기, 근대경제성장기, 농업개발, 위안부 문제는― 종군 위안부가 아니라 돈을 벌기 위한 자발적인 경제 수단으로 간 것이라고 했고.

이완용은 ― 영어와 신문학을 수학한 조선말기의 정치가.

이승만 ―자유 시장경제를 확립한 건국의 아버지라고 했다, 〈사실 이승만은 민족 매혼자(賣魂者)로 참으로 민족 반역자이며 독재자이며 기독교 국가를 건립하기에 혈안이 되었던 사람이 애국자로 변신되는 형편이다.〉〈매국노는 나라를 찾으면 되지만 혼이 빠지는 매혼(賣魂)은 되찾기가 힘들다.

15. 성지(聖地)의 오염

한국과 같이 성지가 많은 나라도 없을 것입니다. 이 성지라는 것이 불교나 기타 유교 도교의 성지가 아닙니다. 2000년의 유구한 불교의 역사 속에 성지는 찾아보려 해도 찾아볼 수가 없습니다. 그런데 천주교의 성지는 왜 그렇게 많은지 모르겠습니다.

특이한 점은 천주교의 교도 중에 국사범으로 피신했다가 잡혀 죽으면 그 피신했던 곳이 성지가 돼버린다는 사실입니다. 참으로 대단한 사람들이지요.

세계의 4대 성인(聖人)은 공자 석가 예수 소크라데스 라고 합니다. 그런데 세계에서 성인(聖人)이 가장 많은 나라가 한국입니다. 국가의 자랑이요 민족의 자랑이 아닐 수 없는 일이겠으나, 어찌 보면 참으로 수치스럽고 부끄러운 일이 아닐 수 없습니다.

이런 성인(聖人)이라는 것은 로마 교황청에서 내려준 전도사적 성인으로 반민족적 행위의 문화파괴자들로 막말로 개죽음을 당한 사람들입니다. 황사영(黃嗣永) 백서 사건은 반민족 행위로 유명한 사건입니다. 1801년 신유사옥(辛酉邪獄) 죽은 천주교인 중 104명이 1984년 5월6일 로마 교황청으로부터 성인(聖人) 시호(諡號)식을 여의도 광장에서 가졌습니다.

전 세계 인류 역사상 맹신으로 인하여 외국군대로 하여금 자기의 조국과 민족에게 총 뿌리를 갖다 대라는 만고의 패륜아는 천주교인인 역적 황사영(1775-1891)뿐이 없을 것입니다.

황사영은 북경에 있는 프랑스 주교에게 길이 62cm 너비 38cm되는 흰 명주비단에 10자씩 121행 도합 1만 3천여 자를 검은 먹으로 깨알같이 쓴 긴 편지를 북경 주교에게 전달하려했다가 발각되어 104명 이상이 처형되었던 것입니다.

다음은 백서 내용을 간추린 것입니다.

1) 서양제국의 동정을 얻어 성교(聖敎:천주교)를 받들어 나가고 백성들의 구제에 필요한 자금을 요구.
2) 청나라 황제의 동의를 얻어서 서양인 신부를 조선에 보낼 것.
3) 조선을 청국에 부속시키고 친왕(親王)에게 명하여 조선을 감독케 할 것.
4) 전쟁을 모르는 조선에 군함 수백척과 강한 병사 5.6만 명으로 서양 전교대(傳敎隊)를 조직하여 와서 선교사의 선교를 쉽도록 할 것 등이다.

참으로 가증한 인류와 민족반역자들이 아닙니까?

배리도 없고 쓸개도 없는 노예근성의 후예들이 제나라 역사를 제대로 모르고 왜곡하면서 이웃 나라들보고 역사를 왜곡한다고 야단입니다. 다른 나라에서 얼마나 우습게보겠는가? 이스라엘과 전쟁이라도 한다면 이스라엘을 편들 사람들이 아니라고 누가 장담하겠습니까?

자기조상인 단군성조는 전설이며 우상숭배라고하며 단군상을 부수는 웃기지 못할 사람들, 더욱이 웃기는 일은 국가 반역죄로 죽은 김대건 신부를 비롯한 104명이 하루아침에 성인(聖人)이 된 것입니다.

민족의 반역자가 성인이라면 안중근 유관순 이준 김구 등 많은 애국지사는 무엇이겠습니까? 성인 중에 대성인(大聖人)이 아니겠습니까?

정말로 한심한 노예근성! 이런 중요한 사건을 학교에서 국사 시간에 다루지 않고 있다는 것은 교직에 종사하는 관계자들 가운데 얼빠진 교인들이 많기 때문입니다.

똥인지 된장인지 구분 못하는 사람들 1

인류 역사의 기록을 통하여 볼 것 같으면 천주교만큼 간사하고 악독한 미신은 없습니다. 위의 내용을 읽어서 알겠지만 기독교나 천주교는 똑같은 신앙으로 제사를 지낸다든지 절을 하면 우상숭배라고 이들의 하나님인 여호와가 진노하여 잔인하게 돌로 쳐 죽였습니다.

그런데 이상한 것은 한국의 천주교에서는 불교 흉내를 내고 있습니다. 제사를 지내며 절을 하는데도 벌을 주기는커녕 더욱 융성하고 있으니 하나님이라는 여호와가 없어졌나 봅니다.

일부 어리석은 승려들 중에 천주교는 순해서 좋고 불교와 비슷해서 좋고 배타적이 아니라서 좋다고 합니다.

『〈향적스님의 가톨릭 수도원 체험수기: 프랑스 수도원의 고행〉이라는 책 3쪽 상2줄에 **"종교의 본질은 궁극적으로 같다는 것을 깨달을 수 있었다."** 140쪽 **"예수님의 사랑과 부처님의 자비는 둘이 아닌 하나입니다."** 뒷장 표지 문에는 "먼 이국의 성당에서 웅장하게 울려 퍼지는 음악을 들으니,- 그것은 사람의 가슴 깊숙이 스며들어 퍼지는 영혼의 소리였다. 아름다운 선율 속에서 나도 모르게 한 줄기 눈물이 흘렀다." 』

이 승려는 누구인가? 조계종 기관지 〈불교신문〉 사장과 해인사 성보박물관 초대 관장과 월간지 〈해인(海印)〉을 창간 편집장을 지냈고, 조계종 교육원 초대 교육부장을 지낸 막강한 권력의 실세이며 실력자입니다. 교육원은 스님들을 교육시키는 곳입니다.

이 승려는 현재(2010년 5월) 팔공산 갓바위(선본사) 주지로서 천문학적의 막대한 수입을 거둬들이고 있습니다. 엄청난 재력의 소유자라고 할 수 있겠지요?

이런 승려도 불교와 기독교를 구분 못하는데, 다른 승려들이나 신도들은 오죽하겠습니까?

기독교 목사나 신부는 〈부처님과 예수와 같다〉고 하는 사람은 한명도 없고, 〈예수는 하나님의 아들이요, 부처님은 인간의 아들〉이라는 차별을 강조합니다.

원숭이가 사람 흉내 낸다고 사람 되는 것 아니며, 앵무새가 노래 따라한다고 가사 뜻을 아는 것이 아닙니다. 똥이 된장 될 수 없고, 놋쇠가 금이 될 수 없습니다.

제사지내면 우상이라고 돌로 쳐 죽이던 그들의 하느님! 제사지내는 한국의 천주교 교인들은 여호와의 섭리대로라면 벌써 씨 말리는 벌을 받아 지옥에 갈 것이 분명합니다. 이치적으로 생각해보세요.

똥인지 된장인지 구분 못하는 사람들 2

현대불교 2010년 6월 9일(수요일)제 787호 1면에 톱기사로 나온
"현장스님이 말하는 법정스님(무소유의 저자)의 종교관" 이란 기사를
원문 그대로 게재하겠습니다.

『어려서 부모를 잃고 방황하던 한 고등학생이 있었다. 학생은 담
임선생님의 권유로 법정스님의 〈산방한담〉을 읽고 다음날 한달음에
송광사 불일암으로 법정스님을 만나러 달려왔다. 청년은 스님에게
물었다.

"스님, 책을 밤에 썼어요? 낮에 썼어요? 마루에서 썼어요? 방에서
썼어요?

법정스님은 당돌한 질문을 던진 학생의 머리를 쥐어박으며 말했
다. "차나 마시고 가거라."

이번에는 법정스님이 학생에게 물었다. "그래 너는 커서 무엇이
되고 싶으냐?" "군인도 되고 싶고, 교수도 하고 싶습니다."

법정스님이 학생에게 말했다.

"무엇이 되겠다기보다는 어떻게 살지를 고민하거라."

스님과 학생의 인연은 그렇게 시작됐다. 할머니 뒷바라지만으로
어렵게 조선대 법학과에 진학했던 학생은 등록금이 없어 학업을 중
단해야 했다. 법정스님은 그런 그에게 '등록금 고지서를 베토벤 음
악 감상실에 맡겨 놓으라,' 고 말했다. 그때부터 스님은 그가 졸업
할 때까지 빠짐없이 등록금을 부쳐줬다.

법정스님은 청년에게 '어려운 친구가 있으면 소개하라.' 고 해서
다른 친구 셋도 졸업 때까지 학비를 도왔다. 세월이 흘러 그들은
교수가 되고 의사가 됐지만 스님을 직접 뵌 적은 없었다. 특히 법정

스님은 그와 친구들에게 도움 받은 사실을 입 밖에 내지 못하게 했다.

그는 법정스님의 다비식을 모신 후에야 현장스님에게 사연을 밝혔다. 이야기의 주인공은 목포 초당대 문현철 교수.

문교수는 가톨릭 신자이다. 대학 다닐 때 가톨릭에 입문했다. 그런데 공교롭게 영세를 받은 날 교통사고를 당해 2주 동안 사경을 헤매고 5개월을 입원해 치료를 받았다.

문 교수는 퇴원하자마자 송광사 불일암을 찾았다. 홀쭉해진 그에게 법정스님이 물었다. "어디 아팠어?"

문 교수가 대답했다. "하느님이 계시다면 저를 치인 차를 붙잡아 주지 않고 영세 받은 날 교통사고를 나게 할 수 있습니까? 저도 스님처럼 불교를 믿고 싶습니다."

법정스님은 빙그레 웃었다. "천주님은 그런 만화 같은 일을 하는 분이 아니다. 이런 아픔을 통해 네가 더욱 성숙해져 더 큰 시련도 이겨 낼 수 있는 힘을 주는 것이다."

이어 스님은 "<u>천주님의 사랑이나 부처님 자비나 모두 한 보따리 안에 있는 것이니 따로 종교를 바꿀 생각은 하지 말라</u>"고 타일렀다.

티벳트 박물관장 현장스님은 법정스님과 청년의 사연을 6월 3일 연세대 백양관에서 한국기독자교수협의회가 주최해 열린 '이웃종교의 같음과 다름' 주제의 학술대회에서 발표했다.

현장스님은 주제발표 '법정스님이 바라본 이웃종교의 같음과 다름'에서 "법정스님의 다비식 날 불일암에 올라와 묵주를 돌리며 기도하는 중년의 남성을 만났다. 그가 문교수였다" 고 말했다.

현장스님은 "법정스님은 불교라는 틀에 매이는 것을 거부했고, 수행자라는 상에 매이지도 않았다. 그러면서도 출가 수행자의 본분에서 벗어나지 않고 항상 처음 시작하는 마음을 잃지 않았던 선지식이었다." 라고 회고했다.

스님은 "법정스님은 자신의 말·글과 일치하는 삶을 살았고 체험하지 않고 깨닫지 않은 사실은 글로 쓰지 않았다." 면서 "**법정스님이 남긴 글과 삶과 죽음의 모습, 종교교류의 흔적들이 스님이 가신 후에 더욱 빛을 발하고 있다고.**" 말했다.』 조동섭기자

법정스님의 문제점

1. 고등학생이 〈산방한담〉이라는 책을 읽고 호기심을 받은 것은 사실이나 그 책에 불교적 종교적인 깊이나 철학적 사유가 있었다면 성장하여 가톨릭으로 가지는 않았을 것입니다. 이 스님은 장학금으로 결국 가톨릭 신자를 만든 셈입니다. 이 학생(문 교수)의 영적(靈的) 보상을 무엇으로 할 것인가?

똥인지 된장인지 구분 못하는 사람들 3

『2010년 7월 26일(월요일) 동아일보 A5면 "세계가 주목하는 종교공존 모범 코리아" 종교 지도자들 나서니 미(美)국무부도 찾아왔다. 라는 기사가 민병선 기자에 의하여 게재되었다.

여기서 **중앙승가대학 교수인 미산스님** 등 각 종교에서 설립한 대학의 성직자 겸, 교수 12명이 타 종교에 대한 이해를 넓히기 위해 연구원으로 활동하고 있다.

미산스님은 "성직자끼리의 갈등은 서로 잘 몰라서 생기는 문제인 것 같다." 며 "여기서 서로 밥 먹고 차 마시며 공부하다보니 **부처와 하나님의 뜻이 서로 다르지 않다는 것을 알게 됐다**." 고 말했다.』

한국의 종교공존이란 불교의 자연 쇠퇴에서 일부 무식한 승려들의 기독교(천주교) 밑 붙어살기 위한 화합의 제스처이므로 분쟁이 일어날 수 없고 자연 기독교의 교세에 밀려 불교가 말살되거나 자

연소멸 되니 종교 분쟁이 일어날 수 없는 것입니다. 봉은사 동화사 땅 밟기에서 극명하게 들어나지 않았는가!

기독교도 좋은 종교야!

참선 수련을 원하는 우리 집 짝에게, 친지 되는 분이 훌륭한 선사로 일반인 대상 수련 지도를 해주는 큰 스님 한 분을 소개했기에 짝과 함께 그 분을 뵌 적이 있다.

처음 2회에 걸쳐 뵐 때엔, '운전수'로 내 자신을 소개하고, 평소 의아하게 여겼던 점 2-3가지에 대한 견해를 묻는 것으로 만남을 마무리했다. 3번째는 약 1주일 전에 추석 명절 인사차 들렀다.

그 자리는 엄연히 선수행이 깊은 분에 대한 존경을 담은 예방의 성격이었는데,--- 그 예방에 대한 답례로, 그 분은 기독교를 떠나려 하는 내 짝에게 삶의 조언을 해주셨다.

'기독교 역시 훌륭한 종교이니 꼭 떠나야하는 것은 아니라고,--- ' 이에, 씨앗들이 있을 때, 무슨 씨앗인지 알기 어려우면, 뿌린 후, '그 결실 내용이 좋은지 아니면 나쁜지' 보고 , '보존해야할지 아니면 버려야할지' 판단하면 되듯이,-- 그동안 기독교적 가치를 충실히 추구한 사람들이 그 종교적 수행의 결과를 보여준 행동을 보면, 그리고 그들을 지도한 경전을 보면 기독교에 대해 비판적인 입장을 취하는 짝의 태도에 공감을 한다고 발언했다.

결국, 그 권위 있는 스님의 일방적인 생활 조언이, 그만 양방향 의사소통인 대화로 변했다. 큰 스님에 대한 철저한 복종과 따름의 분위기인 그 사찰에서, 감히 상상할 수 없는 사태가 발생한 것이다.

그 분은 기독교라는 종교를 추종하는 무리가 많음을 들어서, 또 많은 사람들이 추종하는 성자를 배출했다는 점에서 기독교의 가치와 그 가치 인정을 밑바탕으로 해서, 종교 간의 공존 가치를 주장하셨다.

그리고 자신이 기독교에 대해 공부한 내용과 세속에서의 인연

(외가에 유명한 목사가 있었다.)을 들어 자신의 조언의 타당성을 강조하셨다. 그러나 내 주장도 뚜렷하다보니, 매우 강하게 부딪혔다.

불교적으로 크게 깨우친 사람이라면, 잠재의식(아뢰아식)속에 있는 티끌만큼이나 매우 사소한 망념까지 모두 비웠다고들 주장한다. 망념까지 비웠다는 표현이란, 고무로 글씨를 지우듯 망각의 세계에 들어간 나머지' 생각이나 느낌이 없는 식물인간이나 바위덩어리'가 되는 것 이란 뜻은 아닌 듯하다.

그 보다는, 생각과 느낌이 있는 인간의 육체를 건강한 상태로 유지한 채, '과거의 경험이나 지식의 영향에서 벗어난 해탈의 상태'가 , 바로 미세 망념까지 없앤 성인의 위치가 아닐까?

그런 전제에서 보았을 때, 그 스님이 19세에 출가하기 전에 외가 목사를 통해 접한 기독교에 대한 지식과 경험을 가지고 조언을 한다면, 그 조언이란 과거 경험과 지식이란 굴레 (베이컨의 동굴의 우상)를 뛰어 넘지 못한 조언이 될 우려가 컸다.

그래서 '종교에 대한 판단은 해당 종교의 경전에 대한 지식에 근거를 두어야할 터인데, 제 눈에 비친 기독교 경전 내용은 지나치게 독선적이며 호전적인 살기가 강해 보여, 인류에게 권장해야할 진리로 받아들이기엔 매우 꺼려질 내용이다.'고 말했다.

그로 인해, 그 스님과의 인연은 참담하기 그지없는 대 파국으로 치 달았다. 내가 매우 존경했던 목사를 떠나게 만든 것도 구약 경전에 대한 논쟁 때문이었고, 큰 스님이라 매우 추앙받는 분과의 인연을 떠나게 만든 것도 기독교 경전이다. 라는 점을 보면, 착잡하다. 어찌 보면 내 자신의 경험과 지식으로부터 자유를 얻지 못하다 보니 발생한 내 문제로 보이기도 하고,---. 아무튼 소중한 인연들을 잃게 만들어 온 기독교 경전에 대해선, 매우 섭섭하게 느껴진다.

[출처]반기련 - http://www.antichrist.or.kr

16. 복 짖고 잘사는 방법

보통 복(福)하면 오복(五福)을 연상하게 됩니다.

이 오복은 모든 생명체의 근본 욕구이며 행복의 바로 미터입니다.

첫째는 오래 사는 수(壽)요.

둘째는 넉넉히 사는 부(富)요.

셋째는 건강하게 사는 강녕(康寧)이요.

넷째는 칭찬받고 덕망이 있는 유호덕(攸好德)이요.

다섯째는 죽는 모습이 아름다운 고종명(考終命)이다.

모든 생명은 죽기를 싫어하며 오래 살기를 갈망합니다. 꿈틀거리는 지렁이로부터 조그마한 개미까지도 죽기를 싫어하여 건들면 꿈틀거리고 도망갑니다. 그래서 병 없이 건강하게 오래 살기를 바라는 것이 행복의 첫째인 수(壽)입니다.

첫째, 오래 살려면 어떻게 해야 할까요.

부처님께서 말씀하신 계율 중에 첫째가 살계(殺戒)입니다. <생명을 죽이지 말라> 입니다. 생명을 죽이지 않으면 누구나 오래 살게 됩니다.

잡는 것을 취미로 낚시질하고, 죽이는 업을 능사로 한다면 그 원한(怨恨)의 파장이 바로 당사자인 자기 자신에게 미쳐 여러 가지 질병과 재앙을 가져오게 됩니다. 그렇지 않으면 그 재화(災禍)는 자손에게 미치는 것입니다.

건강해도 단명한 사람이 있는가 하면 빌빌하여 병약해도 오래 사는 사람이 있습니다. 이런 모든 것이 본인이 지은 행위 즉 업과 관계가 깊은 것입니다.

둘째, 부자로 넉넉하게 살려면 어떻게 하여야겠습니까?

부처님께서 말씀하신 두 번째 계율이 〈도적질하지 말라.〉 입니다. 남의 것을 훔치지 말고 손해 끼치지 말라는 것입니다. 그래서 훔치지 말라는 도계(盜戒)를 말씀하신 것입니다.

부(富)자를 잘 살펴보면 복(福)자와 비슷합니다.

우(宇) 주(宙) 가(家) 택(宅) 안(安) 관(官) 실(室) 궁(宮) 침(寢) 숙(宿) 등 위에 글자들은 모두 집을 나타내는 〈宀〉이 들어 있습니다. 富자 역시 집을 상징하는 〈宀〉이 들어 있습니다. 집(宀)에서 한(一) 입(口)으로 돈(田)을 만드는 것이 부(富)의 파자입니다.

마음이 넉넉하고 입이 넉넉하고 배가 따뜻한 것이 부입니다. 아무리 오래 살고 건강하더라도 넉넉한 여유로움이 없다면 이 또한 불행이 아닐 수 없습니다.

속담에 〈노느니 염불하라〉는 말이 있습니다. 염불이이야 말로 중생을 축복 속으로 이끄는 최상의 영약인 것입니다.

셋째. 건강하고 편안하게 사는 강녕(康寧)입니다. 허약한 상태에서 아무리 오래 살고 돈이 많은들 무슨 보람이 있겠습니까? 건강하게 오래 산다고 한들 돈이 없어 궁핍하다면 이것도 불행이고, 돈 많고 건강한데 일찍 죽는다면 이것도 불행일 것입니다.

그래서 수(壽)와 부(富)와 강녕(康寧)은 복 중에 복인 삼복(三福)입니다.

넷째. 유호덕(攸好德)입니다. 호덕(好德), 덕을 좋아하라는 말입니다. 덕이란 몸과 말과 뜻이 청정하여 자신의 몸과 말과 뜻에 자신의 너그러움이 널리 몸으로 퍼져 자연 칭송이 멀리 퍼지는 것입니다.

신용(信用)이 있으면 덕이 있는 것입니다. 믿음의 근본이 무엇일까요, 바로 말의 믿음입니다. 거짓 없는 진실 된 말이 신용의 근본이라 봅니다. 그래서 부처님께서 〈거짓말하지 말라〉고 한 것입니다.

거짓이 모든 재앙의 뿌리가 됩니다. 말을 못 믿으면 무엇을 믿겠습니까?

마음의 편안은 말의 편안입니다. 말이 진실 되고 편안하여야 몸에 병고가 없으면 자연 몸의 덕상(德相)인 육덕(肉德)이 좋다고 하는 것입니다.

인생이 살아 갈 길이 무엇이겠습니까? 첫째가 마음 관리이고, 말(입)관리이고 몸 관리입니다. 몸 관리를 잘해야 건강해지고 건강해야 마음 관리가 잘되는 것입니다.

몸이 아프면 마음이 편안하려고 애써도 마음이 편안해 질 수가 없습니다. 덕(德)자에 이 뜻이 포함되어 있습니다. 열네 가지(十四) 길(彳)이 한(一) 마음(心)으로 돌아간다는 뜻입니다.

덕(德)자 하나에 우리의 인체의 신비인 14경락이 들어 있는 것입니다. 그래서 근골(筋骨)이 관후(寬厚)하고 피부가 윤택하고 목소리가 자비로우며 우렁차면 몸에서 풍기는 위위가 들어 덕상(德相)이 좋다고 합니다. 단순히 몸집이 좋으면 육덕(肉德)이 좋다고 하지요.

다섯째. 제명에 죽는 것을 고종명(考終命)이라고 합니다.

고종(考終)의 뜻을 알아야 합니다. 고(考)는 상고한다. 밝힌다 생각한다. 등의 뜻이고, 종(終)은 끝난다는 마지막을 의미합니다. 마지막을 예고해준다. 마지막을 상고해 준다. 마지막을 잘 알려 준다. 는 뜻이 고종이며 죽음을 미리 예비하고 잘 알아서 명(命)을 밝혀주는 것이 고종명입니다.

비명횡사를 한다거나 객사 타살 사고사 급사 병사 등은 모두 고종명에 해당되지 않는 불운한 죽음으로 다음 생에 좋은 곳으로 가기는 아주 힘든 것입니다.

마지막을 미리 알고 예비하고 편안한 마지막을 보내는 것이 고종명입니다. 바로 부처님이나 여러 조사님들의 열반이 고종명에 해당되는 것이라고 볼 수 있습니다.

고종명을 하려면 어떻게 하여야 할까요. 부처님 말씀에 의하면 깨어 있는 의식(意識)이 중요합니다. 술 취한 듯 몽롱하게 있지 말고 영롱하게 깨어 있어라. 그렇게 하려면 부단한 정진과 명상을 통하여 의식이 깨어 있어야 죽음을 알고 예지하며 편안한 안식을 취할 것입니다.

그래서 〈술 마시고 취하지 말라〉고 하였습니다. 술을 과음하여 취해서 인사불성인 사람이 얼마나 많습니까? 술을 마시지 않았더라도 정신을 차리지 않고 혼몽한 상태로 살아간다면 술 취한 것이나 무엇이 다르겠습니까?

이상은 다섯 가지 복인 오복(五福)에 대하여 간략히 말씀드렸습니다.

오복과 오계를 도표로 보고 불교의 관점에서 본 4대 성인이 아니라, 서양 사람들의 눈으로 본 4대 성인을 오복으로 비교해 보겠습니다.

오복 인명	수 (壽)	부 (富)	강녕 (康寧)	유호덕 (攸好德)	고종명 (考終命)
식 가	○	○	○	○	○
공 자	○	×	○	○	○
예 수	× 33 세타살	× 목수 아들	×3시간만에 죽음	×제자들 배반	×십자가 못박힘
소크라테스	△	×	○	○	× 사약받음
오 계 (五 戒)	불살생 (不殺生)	불투도 (不偸盜)	불사음 (不邪淫)	불망어 (不妄語)	불음주 (不飮酒)

위의 도표에 나오는 공자 예수 소크라테스를 성인이라고 하는 것은 서양 사람들의 잣대에서 본 것이며 진정한 의미에서 생사를 초탈하지 못하면 성인이라고 볼 수 없습니다.

불교적 입장에서 보면 아라한과의 이상을 증득한 분들만이 진정한 성인이지요. 성인은 어떠한 일이 있어도 비명횡사하지 않습니다. 부처님을 시해하려던 사도(邪道)의 무리들이 세 번씩이나 부처님을 살해하려고 시도했으나 그때마다 실패를 했을 때, 부처님께서 하신 말씀이 〈여래는 어떠한 폭력으로도 죽일 수 없다.〉라고 했습니다.

달마대사도 독을 풀어 죽이려 했으나 독을 마시고도 죽지 않았습니다. 이 분들의 죽음은 단순한 죽음이 아니라 예고하던지 거기에 순응하여 생사자재(生死自在)를 보여 주는 것뿐입니다.

부처님은 열반에든지 7일 만에 관 밖으로 두 다리를 내어 보였습니다. 이것이 팔상성도의 마지막의 쌍림열반상에 나오는 곽시쌍부(槨示雙趺)입니다. 달마대사는 죽은 지 3년 만에 다시 살아나 짚신 한 짝을 들고 인도로 걸어가는 그림이 있습니다. 이것이 달마척리(達磨隻履)상입니다.

① 살생하지 않으면 오래 살고. ② 훔치지 않으면 부자 되고 ③ 삿된 행위를 하지 않으면 건강하게 살고 ④ 거짓말하지 않고 진실 되면 신용과 덕이 있고. ⑤ 취하지 않으면 제명에 죽는다. 는 것으로 부처님께서 말씀하신 오계를 잘 지키면 오복을 누릴 수 있다고 봅니다.

복은 누가 줄 수도 없고, 준다고 받아지는 것도 아닙니다. **복은 스스로 짓고 스스로 받는** 것이지요. 농사를 짓고 거두듯이 농사를 잘 지어 남에게 나누어 주듯이 복 있는 사람이 복 짓는 방법을 잘 알아 나누어 주는 것입니다.

지옥에 있는 자가 어떻게 천당을 알며, 복 없는 자가 누구를 구원하고 복을 주겠습니까? 예수는 정말로 복이 없는 사람입니다. 복이 없는데 어떻게 복을 주며 구원을 하겠습니까?

그래서 예수 믿어봐야 환란이 따르는 것입니다. 예수로 인하여 세계의 역사는 피비린내 나는 살육의 역사였습니다.

예수의 열두 제자들은 예수가 죽을 때까지 예수를 배반했고, 예수가 죽고 나서 예수를 인정하지만 그것은 바울의 영향 때문이며, 그 후 그들은 바울과 12명 모두 십자가에 거꾸로 매달려 죽는 비참한 운명을 가져왔습니다. 예수가 살아 있을 때도 구원이 없었고 오히려 비참한 최후들만이 있었는데 죽은 예수가 무슨 부활을 하여 구원을 주겠습니까?

살인에도 직접살인과 간접 살인이 있습니다. 성인은 직접적이건 간접적이건 살생을 하지 않습니다. 성인이 아니라 세상을 구원한다는 구세주 예수로 인하여 살생의 원인이 되고 그로 말미암아 많은 사람이 죽었다면 그는 성인이 아니라 바로 악마(惡魔)의 화신이 되는 것입니다.

그러므로 기독교의 하나님이라는 여호와는 대악마이고 하나님 여호와의 외아들이라는 예수는 여호와가 악마로서 악마의 자식이 되므로, 악마의 자식을 누가 아들이라 부릅니까? 새끼라고 부르지요,

자기 조상의 전통예절을 우상숭배라고 부정하고 사대주의(事大主義)의 종의 근성에 의하여 맹신하고 혹세무민하며 〈주여! 종이로 소이다. 뜻대로 하소서.〉라고 기도하는 노예근성의 교인들이 영혼 장애를 제일 많이 받으며 세상을 어지럽히고 있습니다.

마지막으로 복(福)자의 의미를 잘 되새겨 조상님들의 음덕을 기려야 합니다. 신(神)들 중에 제일 가까운 신이 조상신이라는 것을 잊어서는 안 됩니다.

17. 기독교인들이 타종교를 보는 시각

무종교인이나 여타의 다른 종교인들, 특히 불교인들은 기독교를 볼 때 내용을 잘 모르는 사람들은 이웃에 함께 봉사하는 좋은 종교라고 생각하고 있습니다.

그러나 반면에 기독교인들은 다른 종교인을 바라보는 시각은 일단 사탄이나 우상숭배자들의 모임으로 보며, 특히 불교의 스님들을 볼 땐 마귀나 사탄으로 보며, 의사가 마약중독자를 보듯 이상하게 바라보는데 문제가 있습니다. 즉 잘못된 삶을 살고 있는 지옥 갈사람, 구원이 안 될 치유의 대상으로 생각하는 것이지요.

설령 다른 종교인을 인간적으로 인정하는 기독교인이 있다고 하더라도, 그것은 선교의 대상으로 구제해야 될 대상이며 그 이상도 그 이하도 아닙니다. 기독교인은 타 종교와 진심으로 대등한 관계를 바라지 않습니다. 자기들은 오직 선택받은 우월적인 종교로 여타의 대상은 소멸되어야 할 우상인 것입니다. 그래서 이들과의 대화는 불가능한 것입니다.

즉 자기 자신은 선택받은 사람이고 올바르게 살고 있으며, 타 종교인은 잘못된 삶을 살고 있다고 보는 것이 기독교의 특성입니다. 그래서 기독교내에서 타종교에 대한 표출된 배타적인 행위를 하는 기독교인을 자체적으로 비판하는 기독교내의 사람들이 있으나, 그것은 방법론의 차이입니다.

불상을 부순 것도, 단군상을 부순 것도 잘 못됐다고 생각을 하지만 그러한 것을 비판하는 사람들조차도, 타종교는 잘못된 삶의 방식을 살고 있다 생각을 하고 있습니다.

단지 방법론적으로 눈에 띠게 지나치게 폭력적이었다는 시각에서 비판하는 것이지 타 종교에 대한 폭력 자체가 나쁘다고 생각하지 않습니다. 그들은 믿지 않으면 싹 쓸어버리라는 말을 서슴없이 합니다.

그러므로 기독교인들이 집안 식구인 부모형제라도 다른 종교를 믿는 사람이 있으면 마음을 나누는 관계가 되는 것은 매우 어렵습니다. 기독교인들이 같은 기독교 신자와만 결혼을 하는 것도 이러한 이유 때문입니다.

배타적인 세계관이 전쟁과 갈등을 가져온 것은 이미 역사적으로도 검증된 사실입니다. 참으로 문제는 기독교의 배타적 세계관이 사라지면 기독교는 기독교로서의 구실을 잃게

된다는 사실입니다. 과연 어떻게 해야 할까요? 진정 기독교가 존재해야 할까요? 없어져야 할까요?

불교가 템플 스테이 한다고 했을 때 지지고 볶고 난리치던 교회가 이제는 '처치스테이(church-stay) 하겠다고 야단입니다.

반기련(반기독교 시민운동 연합회)이 없었다면
한국은 이렇게 바뀌었겠지요...

1. 포털 싸이트 이미지 게시판은 기독교 전도성 이미지들로 가득 찼을 것입니다. 그런 것을 올려도 욕할 사람이 없었을 테니까요. 자유게시판은 기독교 전도 게시글로 도배되었겠지요. 그것보다 더 확실한 전도 수단이 없었을 테니까요. 반박 글만 안 올라온다면 인터넷은 기독교들의 황금어장이었을 것입니다.

2. 국민일보 조선 동아들은 교회에 대한 온갖 미화된 가식성 기사들을 버젓이 올려 댈 테고 똥물교회 사건은 아예 봉사 활동하는 선량한 기독교인들을 테러한 이슬람으로 보도했겠지요. 잘못된 뉴스기사를 바로잡는 댓글이 없었을 테니까요.

3, 광적인 길거리 전도행각을 해도 누구하나 뭐라고 제지하지 못했을 것입니다. 제지하는 사람이 더 이상한 취급 받았겠지요. 지적하는 사람이 없다면 그게 당연한 것으로 인식되어 왔을 테니까요.

4. 중·고등학교나 대학교 등 사립 기독 재단 소속 학교에서 강제 개종 교육이 이루어져도, 그리고 군대 내에서 강제 예배나 교회 동원이 되어도 그 누구하나 반기를 들지 못했을 것입니다. 그게 왜 잘못된 건지 아무도 이야기해주지 않았을 테니까요.

5. 어느 누구 하나가 기독교에 대해 비판을 했다면 바로 매장당하고 심지어 기독교를 욕하는 것이 형사고발 대상이 되었을지도

모릅니다. 기독교 빼고는 타종교를 죄다 없애도 된다는 것이 기독들의 가장 일관된 주장이니까요.

6. 단군상 목이 잘리고 불상이 파괴되고 사찰이 방화되어도 그게 누구 소행인지 절대 밝혀지지 않았을 것입니다. 집요하게 파헤치는 사람이 없었을 테니까요.

7. 크리스마스는 국경일이 되었을 것입니다. 크리스마스가 타종교 기념일을 훔쳐 와서 만든 개구라라는 것을 아무도 몰랐을 테니까요.

8. 인터넷이 없고..... 반기련이 없던 시절.....실재로 저것 비슷하게 사회 분위기가 조성되었던 시절이 있었습니다. 어떤 행위나 단체가 왜 잘못된 것인지 제대로 지적하고 바로잡지 않으면.... 그것은 어느덧 사회 일상적인 생활의 일부로 자리 잡아 관습적으로 묵인될 수밖에 없습니다.

9. 기독교에 대한 백신인 반기련이 없었다면, 기독교는 한국 사람들의 생활 깊숙이 자리 잡고 암세포처럼 뻗어나가면서 이 나라 정신과 문화, 역사를 잠식했겠지요. 반기련이 이 땅에서 얼마나 위대한 업적을 이룬지는,--지금은 몰라도,-- 후손들을 반드시 알겠지요- 독립운동이 그랬듯이...

10. 반기련이야 말로 사악한 마귀에 현혹되어 영혼이 병들어가는 선량들을 구원하는 진짜 영적(靈的) 구원자들의 모임이며, 사악한 마귀집단에서 인류를 해방시키고 구원하는 마지막 보루입니다. 영적으로 승화된 진정한 모임인 반기독교시민운동연합회!

11. 각 민족이 갖고 전통종교 내지 문화의 창달은 기독교가 있는 한 힘든 것입니다. 역사가 증명하지요. 한국의 불교 유교 대종교 여타의 종교가 힘을 잃는 것도 기독교의 독소 때문이며 활동이 어려운 것입니다.